W0383524

THE DAD

COLOFON

Eerste en tweede druk, 2017; vijfde druk, 2022

© 2017 Marcel Langedijk, Selwyn Senatori,
Janine Kho en Jan Heemskerk
Voor overname kunt u zich wenden tot Uitgeverij Volt

ART DIRECTION BEMERKT Concept & Design
FOTOGRAFIE Jesaja Hizkia Hutubessy
INTERVIEWS Lisanne Didi Onderwater, Jan Heemskerk jr
MET DANK AAN Samsung, BabyBjörn, Edox en Eva van Dongen

Sommige artikelen in dit boek verschenen eerder in *KEK Mama*, *LINDA*, *Telegraaf Vrouw*, *Libelle* en *Flair*

ISBN 978 90 214 0603 9 / NUR 400
the-dad.com
uitgeverijvolt.nl

OORWOORD

K BEN JE MOEDER NIET'!

In deze simpele waarheid-als-een-koe schuilt de belangrijkste reden voor dit boek. Wij vaders zijn geen moeders en alle boeken die worden geschreven over het hebben en opvoeden van kinderen zijn overduidelijk bedoeld voor vrouwen. Moeders dus, en hun specifieke kijk op het ouderschap, wat een kind nodig heeft en hoe je daar als ouders plezier aan beleeft – of eigenlijk niet, want vrouwen gaan meestal diep gebukt onder de zware last van het afleveren van het meest perfecte kind aller tijden. Want voor minder doen ze het niet, de schattebouten.

De vrouwelijke manier van opvoeden en verzorgen kan mannen, we zeggen het maar eerlijk, stevig angst aanjagen. En vluchtgedrag aanwakkeren. Dat is helemaal niet nodig. Want mannen zijn minstens zo goed als, en vermoedelijk zelfs beter dan vrouwen in staat een kind of kinderen succesvol op te kweken tot functionele volwassenen. En dat – het tweede belangrijke thema van dit boek – zonder zelf al te veel in te leveren op de eigen identiteit en de persoonlijke levensvreugde!

Want vaders hebben – in het algemeen en extreem moederlijke types uitgezonderd – een wat lossere, laten we zeggen spontanere en intuïtieve hand van kindermanagement. En zijn minder dan vrouwen bereid alles in te leveren en op te geven voor het geluk van hun kind. Of beter: zien daar het nut niet zo van in.

Voor dergelijke mannen is dit boek. Van mannen, voor mannen. Een boek dat bevestigt wat de meeste vaders instinctief al aanvoelen. Te weten: dat je best kinderen kunt grootbrengen zonder er geestelijk en seksueel aan ten onder te gaan. Een en ander zetten we uiteen in indringende longreads over zaken als zwangerschap en bevalling, het redden van (de seks in) de relatie, het hoofd bieden aan geldzorgen en – als alles toch misloopt – het regelen van de perfecte scheiding.

Verder steken we ons licht op bij erkende en bekende vaders, die het allemaal hebben meegemaakt en fout gedaan. Dit ter inspiratie en als troost: je bent niet alleen, je hebt coryfeeën als Wilfred Genee, Gerard Ekdom, Dries Roelvink en Roué Verveer aan je zijde.

We schreven bovendien tientallen tips voor specifieke vader-kind-contactmomenten als eerste hulp bij ongelukken, borstvoeding zonder borsten, vakantie, boos zijn, leuke dingen doen, praten met je vrouw en het vermijden van concept stores, bezoeken aan osteopaten en puf- en blaascursussen. Ten slotte zochten we spullen uit die het leven van vader en kind voor de complete duur van de kindertijd veraangenamen en verlevendigen.

TOT SLOT: wie zijn 'we'? 'We' zijn kunstenaar en vader Selwyn Senatori, schrijver en vader Marcel Langedijk en schrijver en vader Jan Heemskerk, in materiële zaken terzijde gestaan door onze exotische excuusvrouw Janine Breukhoven-Kho.

We hopen dat je aan dit boek net zo veel plezier beleeft als wij hebben gehad bij het samenstellen. We spreken tevens de hoop uit dat je met dit boek in handen je vrouw kunt overtuigen van het feit dat wij mannen niet alleen een plan en een visie hebben, maar dat onze manier van opvoeden haar ook tot inspiratie moge strekken. Het zal wel niet, maar het is de moeite van het proberen waard.

Boks,

Jan Heemskerk
Marcel Langedijk
Selwyn Senatori

FIRST THINGS FIRST

DE ZWANGERSCHAP & DE BEVALLING

Je houdt momenteel een boek voor vaders in je hand. Voor kerels, dus. Voor mannen, broeders, dudes, amigo's. Dat betekent dat je je op geen enkel moment zorgen hoeft te maken over zoetsappigheid, over verhalen van roze wolken en dito brillen. Dat je bovendien nergens enge foto's zult tegenkomen van pasgeboren baby's, nog onder het bloed en andere lichaamssappen. Geen foto's van bevallingen, geen beschrijvingen daarvan. Want wij zijn geen vrouwen. En jij ook niet.

Je wilt ruwe informatie, hier en daar wat tips, gewoon een goed verhaal. Je wilt het horen zoals het is, geen zoete omlijsting, geen gedoe, geen gezeur. En je wilt weten hoe je je leven zoveel mogelijk kunt behouden voor, tijdens en na de geboorte van je liefdesbaby. Want laten we wel zijn: dat wil je. Een baby, jazeker, die is hartstikke lief en zacht en fijn en ze ruiken zo lekker, maar het leven gaat door. Heus, geloof ons.

We snappen je twijfel, trouwens. Wij zijn er ook geweest, hebben ook gedacht: wil ik wel een kind? Het was eigenlijk wel prima zo, toch? Je kon de kroeg in met vrouwlief, samen naar de bioscoop, een hapje eten, uitslapen, op lange liefdesvakantie: alles kon. Waarom een kind, nietwaar?

Het leek ook zo'n gedoe, een baby. Zeker als je bij mensen op bezoek ging die in het bezit waren van een of meer van die kleine figuren. Ze waren altijd zo druk, weetjewel, en ze roken naar Zwitsal, poep en zure melk, ze huilden, ze zeurden, ze bedelden, ze vroegen om aandacht. Continu. Met harde, schelle, irritante stemmetjes. Een beetje normaal praten, nee, dat zat er niet in.

En dat is dan nog maar de babyfase. Daarna worden het helemaal rotzakjes. Ze huilen, zeuren, vragen om aandacht en slopen in de tussentijd ook nog je hele huis, inclusief je platencollectie en dure whiskyverzameling.

Als je daar iets van zegt, tijdens bezoek-van-mensen-met-kinderen, wordt dat je ook nog eens niet in dank afgenomen. Al vraag je heel beleefd en vriendelijk of Sterre en Wolf misschien niet meer over je limited edition Frank Sinatra-vinyl willen plassen, dan wordt je verwijtend medegedeeld dat je je huis gewoon maar eens kindproof moet gaan maken. Ja, echt, zeggen ze dan, een huis vol boeken en LP's en flessen whisky, dat kán gewoon niet. Dat is niet normaal, niet van deze tijd, weetjewel. Dat is zelfs belachelijk.

ZE HUILEN, ZEUREN, VRAGEN OM AANDACHT EN SLOPEN IN DE TUSSENTIJD OOK NOG JE HELE HUIS.

Niet dat we per se een hekel aan ze hadden, hoor, aan kinderen. We hebben ze zelf ook, inmiddels. Alleen: we twijfelden duchtig, destijds. Zoals jij ook hebt getwijfeld. Of niet, trouwens, want er zijn uitzonderingen. Er zijn mannen die het vanaf hun prille jeugd weten, die vanaf het moment dat ze beseffen dat die piemel meer kan dan plassen, beslissen: ik wil kinderen. Maar de meesten zijn zoals wij, de makers van dit boek. Wij dachten: we zien wel. We lieten het een beetje gebeuren. Ook omdat het verbreken van een relatie vanwege De Kinderwens ook weer zo'n ding is. Moet je weer helemaal opnieuw beginnen. Gedoe.

ER ZIJN MANNEN DIE HET VANAF HUN PRILLE JEUGD WETEN, DIE VANAF HET MOMENT DAT ZE BESEFFEN DAT DIE PIEMEL MEER KAN DAN PLASSEN, BESLISSEN: IK WIL KINDEREN.

Bovendien zijn wij van het soort dat vindt dat je elke dag iets moet doen waar je bang voor bent. Nou ja, elke dag is overdreven, we hebben ook nog werk en een leven en die boodschappen doen zichzelf ook niet, maar één keer in je leven, ach, dat is nog wel te doen.

Plus: dat hele zwanger worden is ook nog wel een dingetje. Dat word je niet zomaar. Er zijn hele volksstammen bij wie het ondanks veel geprobeer en gepuzzel en ellende in ziekenhuizen niet lukt om nageslacht te produceren. Misschien hadden wij ook wel zwak zaad of een andere verdrietige aandoening aan de voortplantingsorganen.

Het zou vast reuze loslopen allemaal, dat wisten we zeker.

Dat liep het dus niet.

We hadden er wel eens over nagedacht, vroeger, over wat er zou gebeuren als we een dergelijke mededeling zouden krijgen.

'Je wordt vader.'

Herejezus op een houten hobbelpaard, wat zouden we dan voelen? We wisten het niet zeker, maar we hielden het voor de zekerheid maar op een mengeling van afgrijzen, angst en de behoefte om onszelf van een middelhoog gebouw te storten. Toegegeven: gevoel voor drama valt ons niet te ontzeggen, maar we wisten nu eenmaal met aan zekerheid grenzende waarschijnlijkheid dat ons leven voorbij zou zijn. Het leuke gedeelte was nu klaar, enter a world of luiers, gejank, slaap- en seksgebrek.

Dat viel reuze mee, gelukkig, dat angstgevoel en de behoefte onszelf pijn te doen, toen het moment daar was. We keken nog eens goed naar het ding dat op een thermometer leek, maar al snel een zwangerschapstest bleek. Zwanger. Hopla. Jazeker. Alsof het niks was. Van angst was geen sprake. Sterker: we waren er blij mee. Behoorlijk blij, zelfs. Niet extatisch, hoor, overdrijven is voor mensen als Dr. Phil of Gerard Joling en wij zijn van het type: doe maar lekker een beetje normaal met z'n allen.

Helemaal als het op dit soort dingen aankomt. Je krijgt een kind, je bent niet de bedenker van de Taj Mahal in India of het Guggenheim in Bilbao.

Rustig aan, blijven ademen, lekker chill doen. Want we kennen ze, die vaders die in huilen waren uitgebarsten na het horen van zulk nieuws. Die gierend van geluk hun diepste gevoelens op Facebook, Instagram, Snapchat of – back in the day – in de krant zetten. Vaders van wie iedereen mocht weten hoe bijzonder het was dat zij het hadden gepresteerd om een vrouw zwanger te maken.

Zo zijn wij niet. Zo ben jij niet.

Beter omarm je je vrouw, doe je vrolijk, drink je samen een glas feestvierchampagne en daarna ga je weer aan het werk. Of je hebt langdurige seks in diverse standen. Of je gaat zuipen in een kroeg met je vrienden. Of je gaat slapen. Of je doet niks.

Want dat kan dan nog gewoon allemaal.

Het ding is: je leven verandert. We kunnen wel zeggen dat het niet zo is, een beetje de gebraden haan uithangen en superpopulair verkondigen dat het leven gewoon lekker zijn gang blijft gaan, maar dan liegen we.

BIJNA ALLES WAT JE MOET WETEN ALS HET OP ZWANGERE VROUWEN EN BABY'S EN KINDEREN AANKOMT, LEER JE DOOR HET TE DOEN.

Niks dramatisch, trouwens, niks om je nu direct vre-se-lij-ke zorgen over te maken, maar een kleine voorbereiding op de dingen die komen gaan, dat kan geen kwaad. En dat doe je, blijkbaar, want je hebt dit boek gekocht. Of waarschijnlijker: gekregen. Want mannen kopen geen boeken, tenzij ze over voetbal gaan. Of over voetballers. Of over programma's over voetbal. Hoe dan ook: we kopen amper boeken. En al helemaal geen boeken over zwangerschappen en alles wat daarbij komt kijken, zoals kinderen. Dat is volkomen terecht, want bijna alles wat je moet weten als het op zwangere vrouwen en baby's en kinderen aankomt, leer je door het te doen. Door het te beleven, door het mee te maken, door fouten te maken en die weer recht te zetten.

De op-leven-en-dood-zaken, de dingen die je écht moet weten, zitten zeer waarschijnlijk al in je hoofd en anders leer je ze van de huisarts, de verloskundige en de mevrouwen van het Consultatiebureau. Want geloof ons: die ga je heel veel zien. En die houden alles bij en ze hebben stapels folders. Een kind opvoeden in Nederland, daar bemoeien een heleboel mensen zich mee, namelijk. Je hoeft er, zeker de eerste maanden, amper bij na te denken. Er wordt voor je gedacht. Er wordt gewogen, gemeten, getest, geprikt, bloed afgenomen. De baby wordt zwaarder gecontroleerd dan de jongens in de Tour de France. Zelfs al voordat hij of zij een baby is.

Daarover gesproken, die zwangerschap, dat is een vrij duistere tijd voor een man. Althans, dat vonden wij. Wij vonden het eigenlijk maar niks. Nou ja, niks is overdreven, maar om nu te zeggen dat we het fantastisch vonden: nee. Niet dat er complicaties of anderszins vervelende dingen gaande waren. Het liep zoals het hoorde. Geen misselijkheid, geen bloedingen, geen gedoe. Toch vonden we het vermoeiend. Dat geklooi met wat je meisje wel en niet mag eten, het gemis van haar glaasje wijn, het gezeul met haar lichaam, de kortademigheid na het sporten, het niet meer op haar buik kunnen slapen, de bezoeken aan verloskundigen, man man man wat een gedoe.

Nee, ja, luister, we wisten wel dat we de Here Jezus of een ander opperwezen naar keuze zeer dankbaar mochten zijn voor het feit dat wij een kind mochten krijgen. Echt. We wisten het.

HET IS VERLEIDELIJK OM IN DE TEGEN-AANVAL TE GAAN EN TE ZEGGEN DAT JIJ, DE MAN, HET OOK NIET MAKKELIJK HEBT.

En we waren ook superdankbaar enzo, maar al die vrouwen die zeggen dat ze het zó ge-wel-dig en super en fe-no-me-naal vinden, die zwangerschap, die liegen. Of ze zijn mild geestesziek. Want het is werken, meneer, hard werken. Je krijgt er na een maand of negen met een beetje mazzel iets heel moois voor terug, maar het blijft werken.
Ja, ook voor de man, dus, voor jou, de man die de vrouw in kwestie bezwangerde. Want van alles wat zij niet kan of mag, krijg jij de schuld. Met dank aan De Hormonale Schommelingen. Want we weten heus wel dat vrouwen gedurende hun gewone leven hartstikke normaal en leuk en gezellig zijn, maar tijdens een zwangerschap kan het verkeren.
Evenzogoed is ook dat handelbaar. Het is niet leuk, maar je weet dat het gaat gebeuren en je dealt ermee. Zij is zwanger, snap je, zij zeult met jullie kind, heeft het zwaar en jij, ja, jij doet eigenlijk niks. Dus houd je je rug recht en je neemt het. Like a man. En dan valt het dus best mee, al met al.
Het wordt pas echt vervelend ná de bevalling. Maar dat is voor later. Tijdens de zwangerschap komt het vooral neer op: verwijten. Wij kunnen namelijk wél doorgaan met ons leven en dat vinden veel zwangere mevrouwen niet tof. Dingen die normaliter geen enkel probleem vormden, bleken nu een Gigantisch Probleem. Zeker, ze begrepen ons nog wel en ze gunden ons alles, maar ze moesten ons af en toe wel even de tent uit schelden. Met name als we iets dronken dat alcohol bevatte. Vonden ze niet leuk. Of als we kazen aten die zij niet mocht eten. Of als we gingen boksen, iets waarvan de verloskundige had gezegd dat zij dat maar beter eventjes niet kon doen. Of als we een avondje met vrienden naar de kroeg ging. Of als we een boek lazen. Of onze moeders even belden. Of ademden in dezelfde kamer als zij.
Dat zeggen we: het valt reuze mee. Helemaal als je je als man op de vlakte houdt. Want – let op – dat is de grootste valkuil: terugvechten. Het is verleidelijk om in de tegenaanval te gaan en te zeggen dat jij, de man, het ook niet makkelijk hebt, dat jij ook best nerveus bent voor de dingen die gaan komen en dat je ook best moe bent. Maar geloof ons: doe het niet. Het draait uit op ruzie. Van die grote en meeslepende. Met tranen en uithalen en gieren. Ruzies die je als man niet kunt winnen omdat hormonen het lichaam van je vrouw hebben overgenomen en niet voor rede vatbaar zijn. Bovendien kost het tijd, die ruzies. En tijd heb je niet. Nou ja, je hebt het dan juist nog wel, in die zwangerschapsperiode, dus nogmaals: beter spendeer je die aan relevante dingen — het drinken van bier, het troosten van je ontroostbare vriendin, het eten uit je neus, het doen van niks.

De laatste weken van een zwangerschap, dit zal je waarschijnlijk niet verrassen, zijn ruk. Eerst en vooral voor degene die zwanger is, het arme schaap, maar wederom ook voor jou, de man. Dat zeg je evenzogoed nooit hardop en zeker niet in de laatste, zware weken. Je zeurt niet, want jij hoeft de last niet te dragen, weet je nog. Jij hebt geen pijn en geen angst dat je lichaam voor altijd beschadigd zal raken, jij hoeft je buik niet in te smeren met smeerseltjes, jij wordt niet dikker ondanks dat je

normaal eet, jij kan je schoenen nog zelf aantrekken, jij mag alcohol drinken, keihard sporten, avonden in de kroeg hangen en diversen soorten drugs gebruiken. Dus houd je je kop.
Althans, als er vrouwen in de buurt zijn.
Tegen je vrienden mag je los gaan, dat spreekt. Bijvoorbeeld over het feit dat je leven stil staat. Je kunt wel heel mannelijk tegen al je vrienden en familie roepen dat je gewoon doorgaat met sporten, feesten, werken, maar feitelijk ben je 24/7 aan het wachten op Dat Ene Telefoontje. Op die eerste wee. Dus drink je met mate, heb je continu je telefoon bij je, ben je elke avond keurig op tijd thuis en ben je alert. Heel alert. Samen, thuis, op de bank, lekker alert zijn, want die lieve reusachtig zwangere mevrouw naast je kan natuurlijk amper nog bewegen.

WIJ KREGEN EEN BABY EN DAT WAS HET MOOISTE WAT JE KON OVERKOMEN. ZEIDEN ZE.

De verloskundige en vrienden en vriendinnen en familie met kinderen zullen trouwens zeggen dat je gewoon lekker een potje normaal moet doen. Ook op social media zie je roedels zwangere vrouwen daags voor hun bevalling nog lekker yoga plegen of iets 'mals' doen 'met de meiden', terwijl hun man carnaval aan het vieren is of op zakenreis is naar Brazilië. Moet kunnen, zeggen ze. En ja, we kennen mannen die zonder problemen de avond voor de bevalling nog halfnaakt in een Eindhovense karaokebar stonden. Het zij ze gegund. Maar we twijfelen aan hun oprechtheid. Sterker: we weten dat ze liegen. Niemand heeft lol in zijn leven als any moment een volgroeide baby aan de poort kan gaan rammelen. Niemand heeft plezier als hij weet dat je midden in de Albert Heijn en plein public een flinke emmer vruchtwater dwars door die foeilelijke zwangerschapsbroek kan laten kletteren. Niemand is vrolijk en ladderzat tijdens een avondje kroeg als je weet dat je vrouw mogelijkerwijs van het ene op het andere moment gillend van de weeënstormen over de grond kan gaan rollen.
Wij niet, in ieder geval.
Dus bleven we veel thuis.
We zagen het leven met lede ogen aan ons voorbij gieren, we zagen de wereld losgaan, de vogels fluiten, de parken volstromen. We zagen Instagram en Facebook en appgroepen vol foto's van feest, vreugde, koude witte wijn en van die stinkkaas en worsten van ambachtelijke baardhipsters. Maar nee, we waren niet zielig, natuurlijk niet. Wij kregen een baby en dat was het mooiste wat je kon overkomen. Zeiden ze. Dat ze dat zeiden terwijl ze zelf in vrolijke dronkenschap op het terras of in de

SOMMIGEN VAN ONS HADDEN MAZZEL. HUN VROUW DACHT EEN FERME WIND TE LATEN, MAAR, HOPLA, KIJK EENS, DAAR KWAM EEN HELE BABY TEVOORSCHIJN.

kroeg zaten, ach, daar moesten we niet te moeilijk over doen. Dat zou wel weer komen, zeiden ze, dat haalden we wel weer in. Straks, later, over een paar jaar, als die kleine wat ouder was. Als we tenminste nog bij elkaar waren.

Maar, halleluja, uiteindelijk komt die dag. Want hoe je het ook wendt of keert: zo'n baby moet er een keer uit. Wees evenwel gerust. Dit is – we onderstrepen het nogmaals – een boek voor mannen. En in boeken voor mannen vind je geen verhalen over bevallingen. Ze zijn er vast, kerels die het geweldig vinden; verhalen, blogs, televisieprogramma's en YouTube-kanalen over bevallingen, maar wij zijn niet zo'n man. Nooit geweest ook. Zapten wij per ongeluk langs zo'n griezelig bevallingsprogramma dan hadden we 's nachts angstige dromen over opgesperde vrouwenbenen waar met veel bloed en geschreeuw en diverse viezigheid meerdere baby's tussen vandaan kropen. En het spreekt voor zich dat we artikelen over dit onderwerp in kranten, tijdschriften of op websites meden als de cholera.

Nog steeds trouwens. Denk namelijk vooral niet dat de bevalling ons het licht heeft doen zien. Dat we nu minutieus alles lezen wat er over een bevalling te lezen valt. Dat we de internetfora afspeuren op zoek naar lotgenoten, naar mannen en vrouwen die tot in detail vertellen hoe hun kleine 'geschenk', hun 'wondertje' uit de moederschoot werd getrokken. Omdat we geraakt zijn door het zwangerschapsvirus.

Nee. Het is gebeurd, de baby doet het, punt. Wie hoopt op een bloederig verhaal en ranzige details heeft het verkeerde boek gekregen. Botte pech, pappie.

Alles wat we erover willen zeggen, is hetgeen je al vermoedde. Het is geen pretje, zo'n bevalling. Sommigen van ons hadden mazzel. Hun vrouw dacht een ferme wind te laten, maar, hopla, kijk eens, daar kwam een hele baby tevoorschijn. En kijk, hij kon al lopen ook. Anderen hebben minder geluk. Mijn god, wat een pijn hebben we onze vrouwen zien lijden. Zo'n bevalling waarbij alles fout ging wat er fout kon gaan, waarbij alles gebeurde waarvan je hoopte dat het niet zou gebeuren. Soms wel veertig uur lang. Als wij het waren geweest die daar in dat ziekenhuisbed hadden liggen creperen, hadden we na drie minuten al een algehele narcose aangevraagd of we waren uit een raam gesprongen, zoals waarschijnlijk de meesten van jullie. Maar onze vrouwen hielden vol. Met een beestachtige wanhoop en een oerkracht waar we eng van werden. Niets minder dan een gruwelervaring.

Dus luister, vriend, als jouw vrouw een dergelijk lot is beschoren – en dat hopen we niet – dan plaats je haar subiet op een voetstuk. Je vereert haar als een heilige. Je geeft haar bloemen, elke dag. Je regelt voetmassages van gediplomeerde voetmasseuses. En je koopt luxevakanties naar paradijselijke oorden. En chocolade, veel chocolade, dat geef je ook.

Niet omdat het moet, trouwens, maar omdat dat zo voelt als na die bevalling ineens met een vochtige klets je kind op de buik van je vrouw wordt gekliederd. Daar is ze. Of hij. Jullie kind. Het zal direct gaan piesen en poepen en huilen en jullie in opperste verwarring aankijken. 'Wie de fuck zijn jullie? Waarom zien jullie er zo moe uit? Waarom hebben jullie me uit de sauna gehaald?' Hij of zij zal eruit zien als een piepkleine bejaarde, een heel lelijk dwergje met een vervelende stem en ogen die niets kunnen zien. Een caviatje, zonder haar. En toch zul je het de mooiste baby van het heelal vinden en zul je er je leven voor geven – als het moet, liever niet natuurlijk. Je zult ervoor zorgen, je zult z'n poep opruimen, het eten geven, het in slaap wiegen en je zult alle bergen ellende die er bij komen kijken voor lief nemen. Want die komen er, die bergen ellende. Maar nu nog even niet.

JE ZULT JE LEVEN WILLEN GEVEN VOOR JE KIND — ALS HET MOET, LIEVER NIET NATUURLIJK.

Tepe

ZAL

GOUDEN TIP

MAAK JE NIET DRUK OVER BORSTVOEDING

Het is me wat, dat borstvoeden. Al bij het eerste bezoek aan De Verloskundige kregen we naast folders over wat je allemaal niet mag tijdens je zwangerschap, wat je moet doen tijdens een bevalling en waarom je je baby in de eerste maanden beter niet laat vallen ook een folder over borstvoeding en het ENORME BELANG daarvan. Mocht je vrienden hebben die twijfelen over het wel of niet maken van baby's: laat ze voor de gein even een verloskundigenpraktijk bezoeken en vragen om De Folders. De angst slaat je om het hart. Niks ten nadele van de verloskundigen zelf trouwens, want die zijn superlief en vrolijk en meelevend en gebruiken woorden als 'fijn', 'heerlijk', 'lekker' en dat is altijd prettig in deze kille rotwereld.

Evengoed werden we er bang van, van al die folders, en dan met name van die ene over borstvoeding. We moesten dit, we moesten dat, dit mocht pertinent niet, dat dan weer wel, tepelkloven, tepelzalf, tepelzus, tepelzo. En toen we er vervolgens nog iets meer over wilden weten, een paar andere meningen zochten, was het hek helemaal van de dam. Er bleken boeken over te zijn geschreven. Heel veel. Blogs, fora, ook dat. Het hele internet staat ramvol woedende vrouwen die elkaar virtueel de tent uit vechten.

Borstvoeding was goed! Nee, dat was het niet! Flesvoeding was beter! Nee, je bent een trut! Je begrijpt er niks van! Ga weg! Je zou geen kind mogen krijgen!

We kregen het er warm van, van al die ellende, en we werden een beetje droevig. En angstig. Maar uiteindelijk, toen onze baby er was, viel het reuze mee. Die malle Sammie zocht een tepel, mijn vrouw had er eentje in de aanbieding en, plop, disco. Dat hielden ze tweeënhalve maand vol. Toen wilde Sammie niet meer en mijn vrouw vond het ook wel mooi geweest. En we leefden nog lang en gelukkig.

BEKENDE VADERS

WIE? GERARD EKDOM

WAT? RADIO DJ

VOORAF

Hoe oud zijn je zoons en hoe heten ze?
'Lennon is elf (wordt in juli twaalf) en Lewis is negen. We wilden geen standaardnamen. Niet dat de juf "Daan!" roept en er drie kinderen opkijken. Als iedereen hetzelfde luchtje heeft, hoef ik dat luchtje ook niet meer. Samen hoorden Nicole en ik het nummer 'Beautiful Boy' van John Lennon, geschreven voor zijn zoon Sean. Dat bleek de zwanenzang van John Lennon. Als je wist dat hij dood zou gaan, is het een raar nummer: een boodschap uit het hiernamaals aan zijn zoon. Zó mooi. We wisten meteen: het wordt Lennon. Toen Nicole zwanger was van nummer twee, dachten we dat het een meisje was. We noemden haar al The Diva. Daarna kreeg hij de werknaam Bono, maar dat werd 'm absolúút niet. Ik ben een U2-liefhebber, maar om hem nou Bono te noemen... Nee. Lewis vond ik gaaf. Het is een naam die veel voorkomt in Schotland en Ierland en hier bijna niet. Jerry Lee is één van de grondleggers van de rock 'n roll. Huey Lewis is een geweldige artiest. Een goeie naam dus. Dat vonden we allebei.'

Hoelang ben je al samen met je vrouw?
'Vijftien jaar. Dit jaar zijn we elf jaar getrouwd. Jezus, het lijkt allemaal zo kort geleden. Ineens ben je tien jaar verder. Waar zijn de zero's gebleven?'

Wil je nog meer kinderen?
'Nee. We hebben er lang over nagedacht – moest er geen meisje bij? Maar ik wist al: wij krijgen geen meisje. Wij krijgen alléén maar jongens. We zijn gewoon een jongensgezin. Mijn zusje heeft drie meiden. Het moest zo zijn.'

VADER WORDEN

Was je een beetje een held bij de bevalling?
'Ja. Voor de man is dat de kunst van het niksdoen. Het enige wat je kunt, is er zijn voor je vrouw. Dat moet je wel doen aan de juiste kant van het bed. Van een collega kreeg ik de tip om bij het hoofdeinde te blijven staan. Wat ze daar beneden doen, hoef jij niet te zien, zei hij. Robbie Williams zei ooit: it's like your favourite candy store going up in flames. Dat is absoluut waar. Halsoverkop moesten we naar het ziekenhuis voor de geboorte van Lennon: de weeën kwamen maar niet, de ontsluiting was langzaam. Via een infuus kreeg Nicole een weeënstorm. Ellende. Zij zat in zichzelf gekeerd die weeën weg te puffen. Ik heb haar hand vastgehouden en haar mond gedept nadat ze moest spugen. De man en de eeuwige washand. Op een gegeven moment dacht ik: kut, ik val in slaap. Ik mag niet in slaap vallen, dat kan ik niet maken. Verderop haalde ik koffie. Ik gooide de beker weg en toen, na die ene kop koffie om half vijf 's middags, werd ik vader. Het was een soort oerkracht van Nicole die naar boven kwam.
De tweede bevalling was ook vréselijk. Lewis werd thuis geboren. Doe. Dat. Nooit. Dat lijkt romantisch, maar ik zie haar nog liggen op dat bed op klossen. Het ging helemaal niet goed. In the middle of it all hoorde ik iemand zeggen: "Nou, dan moet er zo maar een ambulance komen." Ik dacht: nee! Hoe dan? Nicole lag met allemaal klemmen en toestanden, weer helemaal in zichzelf gekeerd. Inééns kreeg ze weer die oerdrift en, wop, daar was Lewis. Ik weet nog dat ik dacht: oh, gelukkig, jongen, je bent er! Hij was helemaal verfrommeld en bloederig en klein. Ik was zó blij dat hij er was.'

Wat was het eerste wat je dacht toen je je baby in je armen had?
'Je kind voor het eerst vasthouden is iets magisch. Je voelt zo ontzettend veel liefde. Dat klinkt misschien weeïg, maar ik kon mijn ogen echt niet van

'WAT IK HET ALLERERGSTE VIND: MENSEN DIE VRESELIJK DE VERTRUTTING INGAAN ALS ZE VADER EN MOEDER WORDEN.'

hem afhouden. Ik wilde de hele dag naar hem kijken, hem vasthouden, knuffelen. Ik wilde ook helemaal niet weg van huis. Een soort mannelijke vorm van nesteldrang. Ineens was ik vader, heftig hoor. Ik vond dat wel wat. Ik was vrij jong, zevenentwintig. En ik zie mezelf nog steeds als een jong pikkie, maar ondertussen kan ik bijna zeggen dat ik een zoon van twaalf heb. Toen ikzelf twaalf was, deed ik mee aan de dj-kampioenschappen in Venlo! Dat jaar veranderde alles: ik zag ineens meisjes, ging uit naar de soos en draaide op de eerste klassenavonden. Het jaar dat ik twaalf werd herinner ik me heel gedetailleerd. Ik hoop dat Lennon net zo'n jaar krijgt.'

Is je leven beter of slechter nu je vader bent?

'Beter. Een kind krijgen is het mooiste dat er is. Het is je eigen vlees en bloed. Alle clichés zijn niet zomaar clichés: ze kloppen! Het is verdomme waar wat ze zeggen. Je voedt je kinderen net zo op als je zelf opgevoed bent. Ik hoor mijn ouders als ik bepaalde dingen zeg. Oh man, ik lijk m'n vader wel, denk ik dan. Ik ben heel erg van de tafelmanieren, dat heb ik van huis uit meegekregen. Zitten ze erbij als een Amerikaanse bouwvakker, dan: nee nee nee nee, dat mag niet. Dan hoor ik meteen mijn vader, die zei dat precies zo.'

Ben je gezonder en/of verstandiger geworden door je kinderen?

'Je bent ineens een man met verantwoordelijkheden. Je moet een gezin draaiende houden. The man who brings home the bacon. Ik ben een workaholic, maar sinds ik kinderen heb, vind ik vakanties fantastisch. We gaan steeds vaker weg met z'n viertjes. Thuis val je snel in een patroon: de jongens gaan gamen, voetballen, naar buiten, ik zit beneden, er komt weer een zooitje platen uit of ik moet administratie doen...'

Zie je er nog een beetje normaal uit of loop je rond als levend kotsdoekje?

'Wat ik het allerergste vind: mensen die vreselijk de vertrutting ingaan als ze vader en moeder worden. Alles draait om de kinderen, op Facebook posten ze alléén maar babyfoto's. Ik heb dat dus níet gedaan. Veel mensen zeiden dat ik hun voorbeeld was: zo kan het dus ook. Wij hadden altijd eens in de twee weken op zaterdagavond een oppas. Dan gingen we uit eten of de stad in. Het kan echt. Ik ben altijd alles blijven doen. Daarvoor hoef je alleen maar oppas te regelen.'

DE KINDEREN

Wiens idee was het om kinderen te nemen?
'Van ons samen. Mijn zusje kreeg een kind, ik had nooit gedacht dat ik dat zo leuk zou vinden. En mijn moeder was toen ernstig ziek, dat speelde ook mee. Gelukkig werd Nicole snel zwanger. Mijn ouders zijn vier jaar bezig geweest om mij te krijgen, we hadden niet verwacht dat het ons in één keer zou lukken. Lewis was niet eens gepland.'

Houd je van je kinderen?
'Nou ja! Is er iemand die nee zegt? Onvoorwaardelijk veel. Ze zijn het allerbelangrijkste, ik doe alles voor ze.'

Houd je überhaupt van kinderen?
'Jawel. Niet van alle kinderen. Van je eigen kinderen accepteer je altijd meer.'

Vind je je kinderen aardig?
'Ja. Natuurlijk.'

Wat vinden ze van jou?
'Dat vraag ik me ook af. Ze zijn wel op mij gesteld. Ik heb natuurlijk een raar beroep: ze zijn opgegroeid met dat papa weleens wordt herkend. En ik ben de stem van Batman in de Lego Batman-film! Misschien denken ze dat alle vaders Batman zijn, dat iedereen op de radio is. Ik moet weleens op de foto met mensen, daar moeten ze altijd om lachen. Thuis hebben we allemaal ritueeltjes. Ik geef ze een kus voor ze gaan slapen, we knuffelen veel. We zeggen nu al tegen ze: als jullie later uit huis gaan, komen jullie elke zondag hierheen en maakt mama diner en schenk ik wijn in.'

Lijken ze op jou, op Nicole of op de melkboer?
'Ik vind Lewis steeds meer op mij lijken en Lennon is heel erg Nicole. Lennon is een mooi manneke, hij is goed gelukt. Lewis ook, zeker, maar hij is eigenwijs, een clowntje. Ik herken mezelf daarin. Uit onzekerheid ging ik vaak moppentappen in de hoop dat mensen me accepteerden. Lennon doet hetzelfde. Maar tegelijkertijd zie ik ook dingen van Nicole in Lennon en dingen van mij in Lewis.'

Waarin verschillen ze?
'Lennon is introverter, Lewis meer extravert. Als Lennon iets lekker vindt, hoeft Lewis het niet en andersom. Eet de één de bonen, dan eet de ander de kip. Het zijn twee verschillende koppies, maar voor broertjes vind ik dat ze weinig ruzie hebben. Er zit ook maar twee jaar en drie maanden tussen.'

Is het moeilijk om geen favoriet te hebben?
'Nee, absoluut niet.'

Dochters of zonen?
'Weet ik niet, ik heb nooit een dochter gehad. Ik weet alleen dat boys heel leuk zijn. Het zijn over het algemeen ook laatbloeiers, hè, jongens.. Ik was heel snel met alles, maar ik herken de jongensstreken bij ze. Ik zie wat ik vroeger ook flikte en bij elkaar loog. Ik ken ze zó goed, weet precies wanneer Lewis iets stiekems doet. Lennon is wat braver.'

Wat is het mooiste aan vader zijn?
'Je hebt twee guppo's op de wereld gezet. Wij, samen. Je zorgt dat er op tijd eten in gaat, en het groeit. Als ik video's terugzie van zes jaar geleden, denk ik: wow! Helemaal vergeten! Hoe deden we dat? Ik weet niet meer hoe het was om met babydoekjes te lopen en luiers te verschonen, maar ik denk dat ik het met één hand nog kan. Net als de Maxi-Cosi achter in de auto zetten met die riem. Vader ben je de rest van je leven.'

Wat is het lastigste aan vader zijn?
'Vader ben je de rest van je leven! Je voelt je altijd verantwoordelijk voor ze. En je zal altijd kritisch zijn: heb je wel hieraan gedacht, heb je dat wel gedaan? Mijn vader doet het nog steeds. Dat verant-

woordelijkheidsgevoel zal ik altijd houden. Als zij niet scoren op school, voel ik me daar heel slecht over. Had mijn vader vroeger ook. En ik gooide er net zo met de pet naar als ieder ander.'

MOEDER DE VROUW, DE LIEFDE

Is je vrouw veranderd sinds ze moeder is?
'O jawel. Ja. Dat is hetzelfde verhaal. Je gaat minder vaak op de bar staan dansen – hoewel we dat nog weleens doen hoor, we geven thuis feesten... Dat gaat prima. Maar is ze veranderd? Ze trekt zich heel veel aan van de jongens. Gaat het niet goed met een van hen, dan gaat het niet goed met Nicole. Mannen kunnen zich daar vaak beter van distantiëren. Ik denk sneller: komt wel goed. Moeders hebben daar moeite mee.'

Hoe ga je daarmee om?
'Als een man. Ik luister en we praten, maar ik kan dingen sneller loslaten.'

NET NA DE BEVALLING DURFDE IK EVEN NIET. DAN DENK JE: KAN DAT WEL?

Seks, wil dat nog een beetje?
'Jawel. Net na de bevalling durfde ik even niet. Dan denk je: kan dat wel? M-m-mag ik daar wel aankomen? Het heeft ook met drukte te maken: soms lig je avondenlang allebei voor pampus op bed. Nu de jongens wat ouder zijn, zit er een slot op de deur.'

Heb je advies voor collega-mannen om de boel, indien ingedut, weer vlot te trekken?
'Doe niet anders dan normaal. Je bent vader en moeder, maar hallo, het beest in je zit er nog steeds. Je moet niet krampachtig gaan doen. Als dat zo zou zijn, zou het niet best aflopen met de maatschappij en zouden we een hoop ongelukkige stellen krijgen. Dus: seks je helemaal de pleuris. Dat is heel belangrijk.'

ZORGEN

Wie zorgt thuis het meest voor de kinderen: jij, de moeder of de nanny?
'Ik kan zo succesvol zijn omdat Nicole zoveel op zich neemt. Ze is vaak thuis, dat vind ik fijn en belangrijk. Ik zei haar: "je hoeft echt niet te gaan werken, schat. Laat mij m'n gang maar gaan. Het komt allemaal goed." Af en toe komt er iets op haar pad, maar ze moet alleen doen wat ze leuk vindt.'

Wanneer komt er een oppas?
'Als we een etentje, feest of première hebben. Soms wel drie keer per week.'

Is er thuis een rolverdeling?
'Nicole brengt nu de kinderen naar school, omdat ik dat met de ochtendshow niet meer red. Tot september 2015 bracht ik ze altijd. Ik zei: "dit is de laatste keer dat papa jullie naar school brengt, vanaf nu horen jullie mij elke dag onderweg." Ze luisteren altijd, zingen alle jingles mee. Dat ik ze niet meer wegbracht vonden ze wel een dingetje. Soms haal ik ze op uit school, maar ik heb vaak afspraken of lig een tukje te doen. Ik breng Lennon wel regelmatig naar voetbal.'

Zijn er dingen die je absoluut niet doet?
'Nee, we doen alles samen.'

Wat is jouw stijl van vaderschap?
'Ik ben niet streng, behalve als het gaat om tafelmanieren. Dan denk ik weleens: fuck, ik ben echt streng. Terwijl ik juist met z'n vieren aan tafel een belangrijk momentje vind. Maar soms zijn ze gewoon vervelend. Ik ben ook niet zo heel streng. Soms ben ik een watje, dan had ik harder kunnen ingrijpen. Er is wel een grens bij mij. Als ze elkaar

iets aandoen, of als ze écht vervelend doen, zeg ik: en nou is het verdómme afgelopen!'

PRAKTISCH

Favoriete vadergadget?
'De interviews in de *Playboy*? Ik zou het niet weten.'

Favoriete vakantiebestemming met kinderen?
'Spanje. We boeken ieder jaar hetzelfde huisje aan de Jalonvallei, tussen Valencia en Alicante. De jongens vinden het fantastisch, Lennon is bijna in tranen als de laatste dag aanbreekt. Vanuit het zwembad kijk je uit over wijnranken en dorpjes in de verte. Als we aankomen, halen we beneden boodschappen en daarna gaat de wijn open en Michael Franks aan. Alleen al dat moment is een feest: je flikkert je spullen neer, trekt je zwembroek aan en het is vakantie. En dat dan drie weken lang. Je komt volledig tot rust.'

Favoriete kinderboek?
'Roald Dahl, denk ik. *De Griezels* en *De Grote Vriendelijke Reus*.'

Favoriete kinder-tv?
'Ze kijken nu alleen maar YouTube, on demand. Vroeger zat je te wachten tot de *Muppet Show* en *Sesamstraat* begonnen. En natuurlijk de *DJ Kat Show* en *Inspector Gadget*. Fantastisch. *De Smurfen* hebben de jongens nog wel gezien. Zelf was ik gek van *Pink Panther*. Ik had zo'n dvd-box, die hebben de jongens ook helemaal grijs gedraaid.'

Favoriete kindereten?
'Frikandellen. En alles met een p. Pasta, pizza, pannenkoeken, poffertjes, pagetti.'

Wanneer mag een kind mee uit eten?
'Op vakantie aten we vroeger bij het huisje tot ze een jaar of vijf, zes waren. Nu gaan we elke avond uit eten daar.'

Ultieme vaderplaat?
'Knoop je jas dicht, doe een das om, was eerst je handen, kam je haren, recht je schouders, denk aan je tanden, blijf niet hangen, recht naar huis toe, spreek met twee woorden, stel je netjes voor, eet zoals het hoort en zeg u. Doe Maar.'

Voorbeeldvader?
'Mijn eigen vader. Ik doe het op gevoel en je doet het zo goed mogelijk. Ik kreeg ooit de Vader of the Year-Award. Dat sloeg nergens op, want elke vader krijgt het papastofje en dat wérkt. Vader-zijn kun je niet leren.'

WAT IS JE ULTIEME PAPA-TIP?

'Blijf zo dicht mogelijk bij je eigen gevoel. En laat je niet gek maken door mensen die zeggen dat je het verkeerd doet. Onzin. Je doet het zoals jij het doet. Achteraf kun je misschien zeggen dat je iets anders had moeten aanpakken, maar op dat moment doe je wat goed voelt. Het laatste wat ik tegen mijn moeder zei, op haar sterfbed, was: "heb nou geen spijt. Jij verhuisde naar België, maar ik moest daardoor zelfstandig worden, en zie wat er is gebeurd. Het is goed zo." Dus heb daar geen spijt van.'

NIET DOEN!

GOUDEN TIP

GA NIET OP ZWANGERSCHAPSCURSUS

Het zal je opvallen dat je tijdens de zwangerschap van je geliefde uit diverse richtingen dingen worden aanbevolen. Dingen die je moet kopen, dingen die je moet doen, dingen die je niet moet doen. Er zal door diverse instanties worden gezegd dat je twee kruiken moet kopen, terwijl andere functionarissen je zullen meedelen dat het matras in je babyledikant gaatjes moet hebben omdat je baby anders stuk gaat. Andere types zullen je bijkans dwingen een Prenatal-babyinventaris van 27 kantjes aan te schaffen, alsmede stuitend lelijk biodynamisch speelgoed en heel enge boeken vol foto's van bloederige bevallingen en verkreukelde baby's.

Persoonlijk hebben mijn vrouw en ik dit alles genegeerd en de boeken en het lelijke speelgoed die we kregen ritueel in brand gestoken, maar doe vooral wat jezelf denkt dat goed is.

Beloof ons echter wel één ding: ga niet op zwangerschapscursus.

Nou ja, doe maar wel, maar dan niet in zo'n groepje, want dat is niet best. Tenzij je graag op wandelvakantie gaat met volslagen onbekenden, dol bent op naaktvolleyballen in je Franse nudistenparadijsje of anderszins verzót bent op malle groepjes en gekke avontuurtjes. Voor alle anderen: neem een paar privélessen.
Die vind je met gemak door even te googelen en zo'n mevrouw komt dan een keer of drie langs om je deugdelijk voor te bereiden. Dat zit vrijwel altijd gewoon in de verzekering, dus niks geen 'Marcel is een verwende yuppiehipstersnob'. Het blijft lullig om voor iemand anders in een ongemakkelijke houding ademhalingsoefeningen te doen, maar het is altijd beter dan je met twintig andere stellen door zo'n avond te puffen op het geluid van parende walvissen in een walm van wierook.

Tenzij dat je ding is, natuurlijk. In dat geval is de groepszwangerschapscursus totaal niet gênant of awkward en ga je supergezellige avonden tegemoet!

OMDAT JE ER NIET ONDERUIT KOMT

→ ZÓ VERSCHOON

1: ZET ALLES VAN TEVOREN KLAAR
Zorg dat je alles bij de hand hebt wanneer je de al dan niet met poep ondergeblafte liefdesbaby gaat verschonen. Schone luier, billendoekjes, eventueel zinkzalf en de afvalbak.

4: WEGGOOIEN
Doe dit zo snel mogelijk, anders ruft de babykamer in geen tijd naar poep. En dat is vies. De vieze doekjes prop je in de bezoedelde luier en die rol je mooi op. Direct in de luieremmer.

je een LUIER

2: ROMPER OMHOOG

Leg je baby op het aankleedkussen en maak de romper los. Doe die zover mogelijk naar boven; mocht er toch wat misgaan, dan is in ieder geval de romper nog droog. Maak vervolgens de plakstrips van de luier los en maak de baby schoon met vochtige billendoekjes. De doekjes veeg je van voor naar achteren.

3: ALLES OMLAAG

Bij jongens heb je kans dat ze je onder plassen tijdens het verschonen. Om dat te voorkomen, is het handig om bij jongetjes het piemeltje naar beneden te houden – of leg een billendoekje op die kleine z'n fluit.

5: RANDJES NAAR BUITEN

Als de baby schoon is, vouw je de schone luier open. Je rolt de baby voorzichtig een stukje op zijn zij en schuift de schone luier onder zijn billen. Wat je ook kunt doen, is je baby voorzichtig optillen van onder de stuit en de billetjes. De luier zit goed wanneer de bovenrand bij zijn of haar middel zit. Plak de luier vast en vouw de elastische randjes van de luier (bij de liezen) naar buiten. Dat voorkomt doorlekken. Romper aan, een modern setje kleding en, hopla, klaar!

EXTRA TIPS!

Wacht niet te lang met het verschonen van de luier.
Een speeltje kan wat afleiding bieden bij grijpgrage handjes.

SELWYN TIPT

STROLLERS

WAT VOOR KINDERWAGEN KOOP JE?

- GEEN DRUKKE PRINTS
- GEEN DING MET ACHT ZWENKWIELEN
- GEEN ROZE TASSEN ENZO
- WEL DOEN: DONKERE KLEUR, STOER, LESS IS MORE. JIJ MOET ER OOK ACHTER LOPEN, TOCH

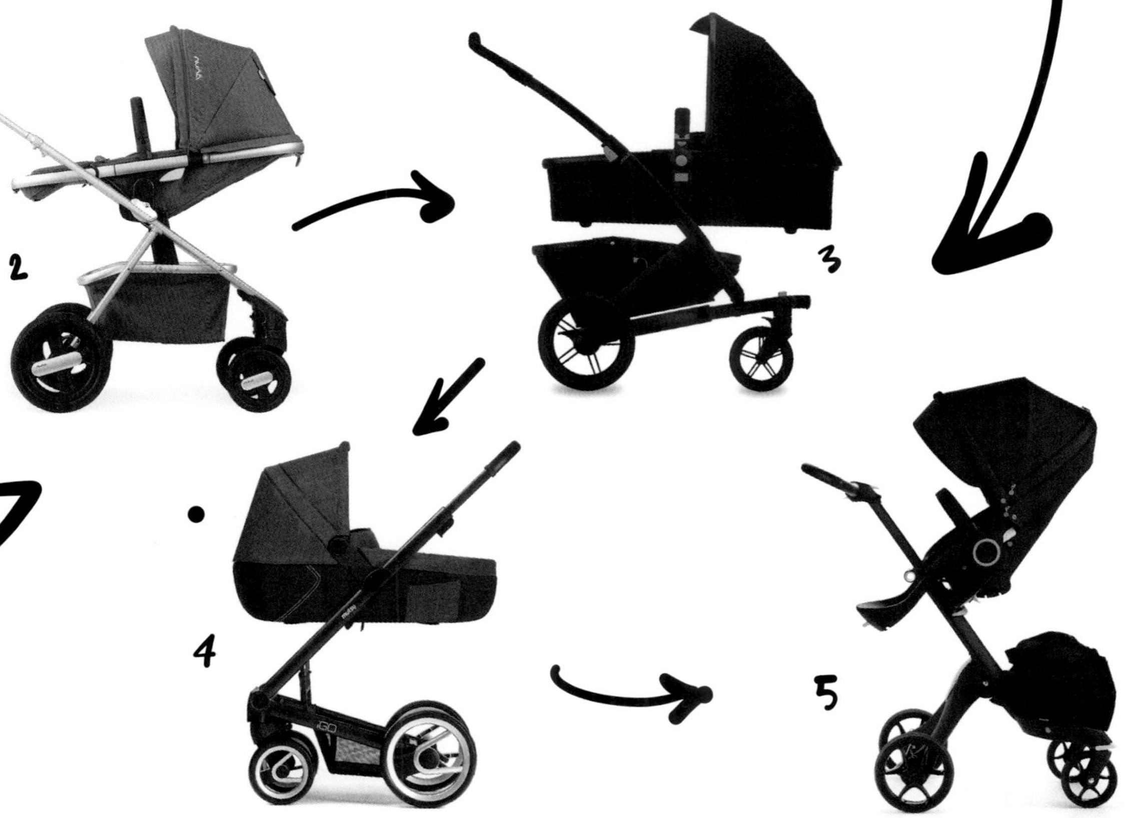

1. CYBEX PRIAM **2.** NUNA IVVI SAVI **3.** JOOLZ GEO
4. MUTSY IGO **5.** STOKKE XPLORY

BOYS
BABYSPULLEN
adidas
look at the stars
CONVERSE
Chuck Taylor
ALL STAR
DOI
H&M
MUTS

BABYSPULLEN

FUCK de CONCEPT STORE!

GOUDEN TIP

VERMIJD BABYCONCEPTSTORES

Er zijn mensen die zeggen dat het duur is, het hebben van een kind. Zo ook medeauteur en goede vriend Jan Heemskerk. Die heeft er evenwel drie en die zijn bovendien oud en moeten laptops en telefoons en condoommaand-boxen hebben. Maar het goede nieuws is: in het begin valt het enorm mee. Ja, goed, de buizen Nutrilon en de biologische hapjes kosten wat geld, maar het blijft voorlopig redelijk beheersbaar. We hebben het over bedragen die in het niet verdwijnen als je ze vergelijkt met een avondje drinken in de kroeg of eten in een restaurant.

Ook qua kleding hebben we niets te klagen: Sammie heeft belachelijk veel lieve ooms, tantes, opa's, oma's, vriendinnen etcetera, die allemaal met grote regelmaat bergen kleding langs brengen. Geneer je niet om kleding van anderen aan te nemen, al was het maar omdat je kind er na twee weken weer is uitgegroeid.

Natuurlijk wordt het straks anders. Over een tijdje wil Sammie ook een Samsungtelevisie en een Samsungtelefoon – en ik geef haar geen ongelijk – maar dat duurt nog even, gok ik. Dus zitten we de komende tijd nog goed.

Toch kun je het natuurlijk zo gek maken als je zelf wilt. Zeker in Amsterdam, waar we wonen. Je babyvoeder kun je daar biologisch of zelfs glutenvrij krijgen en, al hangt daar wel een prijskaartje aan. Maar dat gaat nog om tientallen centen per potje. Het gaat pas echt mis als je 'iets leuks' met je baby wilt gaan doen in Amsterdam. Zo ging ik eens een cadeautje kopen voor mini me, vanwege haar zesmaandelijkse bestaan op aarde. Ik zag een prachtig ingerichte winkel met allemaal stickers die zeiden dat de shit die ze verkochten duurzaam en gecertificeerd was. De prijzen waren echter zo beangstigend dat ik besloot haar mee te nemen voor een kopje koffie in een speciale winkel voor ouders en kinderen.
Een cruciale fout.

De zaak zat ramvol met vermoeid ogende en hard pratende hipstermoeders – al moet ik niet zeiken met m'n pet en baard en meningen. Geen man te bekennen. Wel heel veel kleding (rompertjes vanaf een eurootje of 40) en speelgoed en, ach kijk, een heuse menukaart.

De thee en dergelijke waren normaal geprijsd – voor Amsterdamse begrippen dan: zo rond de vier euro. Wat mij vooral opviel, was het 'kids'-segment op de kaart. Boterhammetje met pindakaas? Drie euro vijftig. Zelf gemaakt (hoe dan?!), dat wel. Of misschien een dadeltje voor de kleine? Ook drie euro vijftig. Er was zelfs babycappuccino.
Ik ben stilletjes omgedraaid. Ik zag de hard pratende moeders denken: gierige hufter.

Thuis kietelde ik Sammie zestien keer. Ze kwam niet meer bij van het lachen. Het kostte niks.

WIE? **RON BLAAUW**

WAT? **chef**

VOORAF

Hoelang ben je al vader?
'Negentien jaar. Jurre is negentien, Mette is twaalf en Teun is tien jaar.'

Allemaal bij dezelfde vrouw? Ben je nog met (één van) die vrouw(en)?
'Jurre is uit een eerder huwelijk, Mette en Teun zijn kinderen van Carla, mijn huidige vrouw.'

Wil je er nog meer?
'Nee, het is wel mooi geweest. Dat gedoe allemaal met dat sjouwen van die Maxi-Cosi's, ik moet er niet meer aan denken. Ik vind het nog heel leuk om een baby vast te houden hoor, maar het is eigenlijk veel leuker nu ze ouder worden. Jurre is nu een beetje aan het zoeken naar zijn plek in de wereld, zoals ik dat op zijn leeftijd deed, ik wist helemaal niet welke kant ik op moest gaan en dat heeft hij nu precies hetzelfde, dat is grappig om te zien.'

VADER WORDEN

Was je een beetje een held bij de bevalling of stond je sigaren te roken op de gang?
'Jurre is bij ons thuis geboren, dus daar was ik gewoon bij.'

Wat was het eerste wat je dacht toen je je baby in je armen had?
'Het was een explosie van euforie. Het is wel bloederig, maar daar denk je helemaal niet over na want wat er gebeurt is zo natuurlijk. Ik zie het nog steeds als een soort van wereldwonder waar je getuige van bent.'

Is vader zijn een lust of een last?
'Lust, honderd procent.'

Ben je verstandiger geworden door je kinderen?
'Absoluut. Alle beslissingen die je maakt, ook om gezonder te worden, maak je omdat je wilt dat je kinderen nog heel lang van je kunnen genieten.'

Heb je nog wel tijd voor jezelf?
'Vroeger zakte ik nog weleens door met de jongens in de keuken, maar dat soort dingen doe ik niet meer. De kinderen vinden het leuk om rond te lopen op mijn werk, bij een opening lopen ze voorop en heel stoer door de zaak heen, zo van *kijk ons eens.*'

DE KINDEREN

Wiens idee was het om kinderen te nemen?
'In beiden gevallen was het een gezamenlijk besluit, en daar heb ik nooit spijt van gehad.'

Houd je van je kinderen?
'Onvoorwaardelijk. Iedere dag.'

Vind je je kinderen aardig?
'Dat ze af en toe het bloed onder je nagels vandaan kunnen halen, hoort erbij. Mijn dochter is bijvoorbeeld heel erg aan het puberen. Ze is twaalf, maar eigenlijk is ze veertien. Hoe ze verandert, is echt ongelofelijk. Maar we doen steeds meer samen. Laatst ben ik met haar naar een concert van Kensington geweest en daarvoor samen uit eten.'

Wat vinden ze van jou?
'Ik denk dat ze mij wel aardig vinden. Ik heb ze nooit horen zeggen dat ik een klootzak ben. Ze kunnen ook heel ver gaan bij mij, misschien wel iets te ver.'

Lijken ze op jou of op je vrouw?
'Mijn oudste lijkt sprekend op mij. Als ik terugkijk naar foto's van mijzelf toen ik zijn leeftijd was… Dat is gewoon eng. Mijn andere twee kinderen lijken ook op mij, maar meer op hun moeder. Al zeggen anderen weer van niet. Maar over Jurre hoor ik constant dat hij als twee druppels water op zijn vader lijkt.'

'NOG MEER KINDEREN? IK MOET ER NIET MEER AAN DENKEN.'

Zie je nog verschil tussen je kinderen?
'Veel verschil is er niet. Jurre werkt net als ik in de horeca. In het begin probeerde hij allemaal andere opleidingen, misschien deed hij dat om zich een beetje af te zetten. Nu komt hij erachter dat hij het toch wel leuk vindt, en daarbij heeft hij alle mogelijkheden die hij nodig heeft. Het zou dom zijn om daar geen gebruik van te maken. Mette en Teun hebben er wat minder mee, maar die vinden het wel leuk om op de zaak rond te lopen. Ze weten dat het erbij hoort, dat het ons leven is. We gaan ook veel uit eten als gezin. Een favoriet heb ik niet. Je hoort wel vaker dat ouders dat wel hebben, maar bij mij is het geen seconde in mij op gekomen.'

Dochters of zonen?
'Af en toe ben ik bang dat ik Jurre tekort heb gedaan omdat hij heel lang bij zijn moeder heeft gewoond na de scheiding. Maar de band tussen hem, Mette en Teun wordt steeds sterker. We gaan ieder jaar met iedereen op vakantie. Teun wil wel steeds meer op zichzelf staan, maar het blijft een grote knuffelkont. Hij vergeet soms af en toe dat het niet 'stoer' is om zijn vader te knuffelen, en Mette komt juist steeds meer op schoot springen.'

ZORGEN

Wie zorgt thuis het meest voor het de kinderen?
'Ik heb het gevoel dat ik dit vroeger niet helemaal goed gedaan heb. In die tijd lag ik om negen uur nog te slapen omdat ik dan nog moe was na werk. Nu ga ik gewoon naar beneden en maak ik ontbijt en breng ik ze naar school. Ik ben ook coach van Teuns voetbalelftal. Ik vind samen eropuit trekken het leukste wat er is.'

MOEDER DE VROUW, DE LIEFDE

Is je vrouw veranderd sinds ze moeder is?
'Dat denk ik wel, maar het is niet dat ik opeens op de derde plek kom... Of misschien toch een beetje, maar dat is ook wel weer logisch. Ze doet alles voor de kinderen, voor hen gaat ze door het vuur, en daar moet je eigenlijk ook niet aankomen.'

'HET IS WEL BLOEDERIG ZO'N BEVALLING, MAAR DAAR DENK JE HELEMAAL NIET OVER NA.'

Is er een soort rolverdeling, dingen die jij voor je rekening neemt en dingen die je liever aan haar overlaat?
'Nou, ouderavonden en huiswerk maken, daar is Carla meer mee bezig. Maar dat voelt als een natuurlijk proces, het is niet dat ik er een hekel aan heb.'

Wat is jouw stijl van vaderschap?
'Ik ben totaal niet streng, meer soft zelfs. Ik vind dat ze veel fouten moeten maken, want daar leren ze van. Wanneer ze iets fout doen, weten ze dat wel. Ik hoef daar niet met mijn vingertje naar te wijzen. Ik heb nog nooit ruzie gehad met mijn kinderen, nog nooit mijn stem verheven.
Met Jurre heb ik wel eens een serieus gesprek gehad over de scheiding, omdat hij mij toch wat kwalijk nam en meer wilde weten.'

Heb je advies voor collega-mannen om de boel, indien ingedut, weer vlot te trekken?
'Wij gaan met z'n tweetjes veel uit eten en je moet blijven praten. Natuurlijk gaat het dan vaak over de kinderen of over het werk, maar je moet je als ouders beseffen dat wanneer je kinderen gezond zijn, en het goed gaat als familie, dat je dan je handen moet dichtknijpen. Niets gaat vanzelf en je moet voor alles vechten, of het nou voor je werk of relatie is. En aan het einde van de dag is alles voor de kinderen. Dat zij in een warme omgeving opgroeien vind ik erg belangrijk.'

Favoriete vadergadget?
'De PlayStation, vooral mijn jongste vindt dat geweldig. Samen *FIFA* spelen, of de nieuwste *Call of Duty*.'

'Geef ze een iPad, anders zitten ze daar in doodse stilte, terwijl papa en mama op hun telefoon kijken.'

PRAKTISCH

Favoriete vakantiebestemming met kinderen
'Vroeger was het verschrikkelijk om met twee jonge kinderen op stap te gaan. We gingen naar een camping in Italië, maar dat is voor Carla helemaal geen vakantie. Dus later zoek je dan een camping uit met een zwembad of een speelparadijs, waar ze 's avonds aan shows kunnen meedoen. Skiën vind ik zelf geweldig, en zij nu gelukkig ook.'

Favoriete kinderboek?
'*Beertje Bartholomeus*, zo'n boek waar je allemaal stemmetjes bij moet opzetten. Vooral Jurre vond dat vroeger geweldig en Teun nu ook. Ik verzin ook wel verhaaltjes, dat vinden ze altijd leuk.'

Favoriete kinder-tv?
'De jongste houdt van *Fuller House* en begint langzaam interesse te krijgen in films. Laatst heeft hij *Gremlins* gekeken. Mette is ook erg van de series en volwassen films. En als ik met ze op vakantie ga, haal ik altijd een stapel series bij de Media Markt. Liggen we 's avonds samen *Breaking Bad* te kijken.'

Favoriete kindereten?
'Teun eet het liefst pasta met Parmezaanse kaas en olijfolie. Mette eet alles, maar die vindt stamppot het lekkerst en Jurre eet ondertussen ook alles. Vroeger waren zowel Jurre als Teun moeilijke eters, maar Mette zat met drie maanden al met een sateetje in haar mond. Zelfs oesters vond ze toen al lekker.'

Wanneer mag een kind mee uit eten?
'Die van mij komen al vanaf hele jonge leeftijd in restaurants, dat is nooit een probleem geweest. Gewoon een iPad meenemen, dat is het tekenblokje van vroeger. Dat geneuzel van die ouders altijd; als je dat niet doet, zitten de kinderen daar maar in doodse stilte terwijl papa en mama op hun telefoon kijken tijdens het eten.'

Wie is jouw voorbeeldvader en waarom?
'Mijn vader heeft het eigenlijk perfect gedaan. Hij leerde mij om een baken van rust en veiligheid te zijn voor je kinderen. Ze moeten het gevoel hebben altijd bij je terecht te kunnen.'

WAT IS JE ULTIEME PAPA-TIP?

'Laat ze kind zijn. Ze hebben al genoeg te doen op school. Huiswerk op hun zevende… dat is toch idioot? Ze hebben het zwaar en daar moeten wij als ouders meer rekening mee houden. Laat ze leven, gun ze de rust en laat ze fouten maken.'

Het zij
NET Men
DiE
BABY!

GOUDEN TIP

VERZOEN JE MET DE GEDACHTE DAT JE BABY NET ZO IS ALS ALLE ANDERE BABY'S

Er veranderen dingen als je baby de zes maanden aantikt. Die van ons kreeg tandjes. Het kwijl liep ineens in stroompjes over haar rijkelijk van babyvet voorziene kinnetje, haar mond stond permanent in standje onnozel en haar tong hing meer uit dan in haar mond. Ze maakte er moeilijk te definiëren geluiden bij bovendien.

Evenzogoed een prachtige baby, natuurlijk, een wonderschoon kind, maar charmant was weer wat anders. Dat was nog tot daaraan toe. Het probleem zat hem in het feit dat ze van de een op de andere dag slaapproblemen kreeg. Had ze die eerste zes maanden totaal geen last van gehad, maar ineens was het moeilijk in slaap vallen, 's nachts meerdere keren wakker worden en vooral ook hysterisch huilen – een geluid dat we nog niet eerder hadden gehoord en dat het midden hield tussen een luchtalarm en de kwalijke rochel van een stervend wasbeertje.

Blinde paniek aan onze zijde van het ledikant was het gevolg. En ook: verbazing. Dit was niet de baby die we de zes maanden hiervoor hadden gehad. Dit was dat kreng van de buren. Of van het stel dat altijd precies voor je zit in het vliegtuig. Het was in ieder geval niet Sammie. Die deed zoiets niet. Die was perfect.

Niet dus. Sammie is niet perfect. Sammie is net als alle andere baby's. Ze krijgen tandjes en woedeaanvallen, doen aan hysterisch huilen en nachtelijk ontwaken. Het zorgde ervoor dat Carlijn en ik wekenlang vier uur per nacht sliepen en dat is niet goed voor een relatie.

Het is goed om dat van te voren in te calculeren. Natuurlijk, jullie baby is kerngezond, superknap, vreselijk schattig en hij of zij ruikt naar sprookjesparadijs. Dat mormeltje is gerust de liefste van de wereld, dat ook. Maar er komt een moment dat jullie baby hier en daar tevens superirritant is. Net als haar vader en moeder. En de buren. Het zijn net mensen, die baby's.

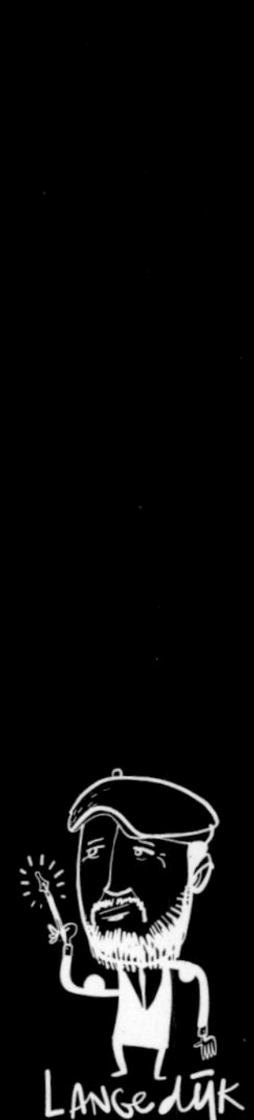

HOE HOUD JE HET LEUK?

Leuk, zo'n kind. Maar hoe houd je een eigen leven? Marcel, sinds mei 2016 in het bezit van een liefdesbaby, legt uit hoe je dat voor elkaar krijgt. Of hoe je in ieder geval je best doet niet binnen een jaar tegen een scheiding op te lopen.

Prachtig concept, zo'n baby, zeker. Helemaal als het allemaal gelukt is en jij en je geliefde sinds kort – of al iets langer – de bezitters zijn van een gezonde koter. Namens de uitgever, schrijvers en makers van dit boek: hartelijk gefeliciteerd. Want het is reuzeleuk en gezellig, zo'n kind. En zeker in het prille begin is het allemaal nog enorm spannend, waardoor je je stuiterend van de adrenaline – IK! BEN! VADER! – door de eerste twee maanden slaat.

Dat niet slapen, ach, slaap is overschat, daar maal je niet om, jij man van de wereld. Dat je vrouw is veranderd in een wandelende melkfabriek met een door jullie nieuwe gezinslid kundig kapot gemaakt geslachtsorgaan, ach, het was de moeite waard en je krijgt er zoveel moois voor terug, nietwaar? Dat je om de paar uur een klein huilend propje mens verschoont en thermometert en aan je vrouw geeft zodat zij kan voeden waarna jij de kleine weer in bed ligt; hoort erbij. En je trekt het. Met gemak. Je dealt ermee. Want je bent een vent, een kerel, en je hebt nageslacht geproduceerd, dus die slaap en dat gewone leven zoals je het gewend was, dat heb je allemaal niet meer nodig.

Totdat je ze wel nodig hebt.

Want dat gebeurt. Natuurlijk heb je erover nagedacht of je een kind moest fabriceren – althans, ik wel en ik heb er de tijd voor genomen ook, want ik werd pas vader op m'n 44e. Natuurlijk dacht je op een gegeven moment: ik ben er klaar voor, laten we de boel bevruchten. Je zag jezelf en jullie baby al wandelen, de kleine in zo'n speciaal voor mannen ontwikkelde en megahippe Babybjörn-draagzak in kekke schutkleuren. De smeltende blikken van allerhande knappe vrouwen zouden je kant op komen, want dat doen baby's: allerhande knappe vrouwen ontdooien. Je zag jezelf, je meisje en de liefdesbaby al samen in de kroeg zitten, samen met het vliegtuig naar Thailand gaan, samen een pizzaatje naar binnen schuiven bij jullie favoriete Italiaan. Want het leven mét baby zou net zo zijn als het leven zonder de baby.

Ik wil niet per se de lul uit hangen, maar: dat is niet zo.

> Dit is een positief boek, zeker, maar sommige dingen moet je bij hun naam noemen. Sommige dingen moet je zeggen zoals ze zijn en een daarvan is: een baby verandert je leven. Compleet. Het voordeel is, dat het niet zo erg is. Als het goed is heb je erover nagedacht en gezegd: het is goed zo, we gaan ervoor. Iedereen die die beslissing neemt, weet dat er dingen gaan veranderen – mannen die er door hun vrouw zijn ingeluisd en plots voor het voldongen feit van de conceptie werden gesteld: succes en gefeliciteerd, je hebt een heel nare vrouw. Voor alle anderen: je hebt minimaal negen maanden gehad om aan het idee te wennen en nu het zover is, moet je niet meer zeiken. Je wist dat er shit ging veranderen, dus word wakker en ruik de koffie, want het is zover.

Nogmaals: die eerste periode is dankzij de adrenaline en onversneden angst – want ja, wat moet je nu precies allemaal met zo'n baby aanvangen? – nog wel te doen. Zeker met een kraamhulp, een mevrouw die je namens de Nederlandse zorgverzekeraars gratis en voor niets krijgt toegewezen. Een godsgeschenk, zo'n dame, werkelijk. Beter geniet je daar ontzettend van. Die van ons heette Gerda en Gerda was alles wat ik verwachtte van een Gerda. Een jaar of vijftig, kort haar in een duistere herfsttint, een meter vijfenzestig, een vleugje te zwaar, een plat Amsterdams accent en een stem die een jarenlange relatie met zware shag verraadde. Ze leek me vreselijk lief en aardig en kordaat. En dat was ze.

Evenzogoed was ik mild teleurgesteld.

Enkele vrienden-met-kinderen hadden destijds allemaal eenzelfde kraamhulp gehad en daar raakten ze niet over uitgepraat. Het betrof een Surinaamse dame die het als haar persoonlijke missie zag om haar klanten niet alleen te voorzien van alle babyhulp die ze kon bieden, maar ze ook te introduceren in de Surinaamse keuken. Ja, nee, echt, ze was super met baby's, maar die vrouw kon kóken. Vooral de roti, poeh, nou, de roti! Ze wilden eigenlijk geen vierde kind, maar ach, wat de fuck, de roti van deze kraamverzorgster was zó lekker dat ze er gewoon nog een baby bij gingen maken.

Die roti, die legendarische roti gingen wij mislopen, zoveel was duidelijk. Gerda was alles, maar geen maakster van roti. Koken was sowieso niet haar ding, dat zag ik zo, en ach, zo'n kraamhulp was er toch ook vooral om te helpen met babydingen. Ze legde uit hoe een luier werkte, in welk gat de thermometer moest en hoe je die schoonmaakte, ze liet zien hoe een vrouw zo'n kleine aan de borst diende te leggen, waar we op moesten letten qua kleur, consistentie en hoeveelheid van de diverse vormen van ontlasting. En het badje, ja, ook belangrijk, hoe doe je zo'n baby in bad, hoe houd je haar vast, hoe leg je haar neer, wáár leg je haar neer, hoe droog je haar af. Ze vertelde zelfs – 'nee, serieus, let op, je wilt niet weten hoeveel brandwonden ik gezien heb!' – hoe ik een kruik moest vullen. En, zei Gerda, ik wilde trouwens ook niet weten hoeveel baby's van een commode waren gedonderd omdat papa of mama even op zijn of haar mobieltje stond te gluren. Ik wilde dat inderdaad niet, maar ze zei het toch: 'Heel veel.'

WE WAREN GROTE MENSEN, EN HOE MOEILIJK KON HET NU HELEMAAL ZIJN, ZO'N BABY.

Toen ging Gerda even een sigaretje roken op het balkon. 'Morgen was er weer een dag,' zei ze. Ik twijfelde daar hevig over, maar gaf haar evenzogoed gelijk. Gerda leek me niet het soort vrouw dat je tegensprak.

Na een dag of acht verdween ze uit ons leven, zoals dat gaat met kraamhulpen. Voor sommige stellen is dat een moment om jezelf in pure wanhoop ter aarde te storten en je af te vragen: hoe nu verder? Dat was bij ons niet het geval. Misschien was het het gebrek aan roti, misschien waren we gewoon wel weer toe aan een brokje privacy, maar we zagen ernaar uit om dit appeltje zelf te schillen. We waren grote mensen, en hoe moeilijk kon het nu helemaal zijn, zo'n baby.

Wel, best moeilijk, zo blijkt. Op een gegeven moment maakt de adrenaline, de rush van het zojuist verworven vaderschap, de kick van kijk-mij-eens-topzaad-hebben namelijk plaats voor vermoeidheid, want zo'n baby wordt al met al nog best veel wakker op vrij ongelukkige en voor de meesten van ons ongewone tijdstippen. Verder moet de immense liefde die je voelt voor het nieuwe wezen een heel klein beetje opschuiven voor een stuk ongeduld en irritatie, dit ook mede dankzij de vermoeidheid. Slapen blijkt een fantastisch ding, maar daar kom je eigenlijk pas achter als het al te laat is, als de baby er reeds is.

Toch is het belangrijk om de draad van je leven weer op te pakken. Of althans een deel van die draad. Desnoods een paar centimeter.

Ga gewoon weer eens naar buiten. Stiekem, als je vrouw en de kleine een van hun spaarzame slaapjes doen. Je zult zien dat het leven ondanks jullie alles overheersende prille geluk gewoon doorgaat. Mensen werken, pakken de trein, rijden in auto's, wandelen door het park, hebben seks in diverse standen, sommigen doen aan yoga, anderen zitten op het terras, gaan op bezoek bij vrienden. Voor jou is het leven onomkeerbaar veranderd, jazeker, maar pas wel op dat je je er niet in wentelt als een varken in verse poep. Als je te lang in die dampende walm van luiers, thermometers, lekkende tepels, daverende hormonen en slaapgebrek zwelgt, begin je straks nog daadwerkelijk te geloven dat er niks anders meer bestaat dan die baby. Dat je uniek bent. En dat ben je niet, want laten we wel wezen: er zijn meer mensen met kinderen op deze wereld.

Oftewel: doe normaal, gast.

Het is niet erg of stom of ongevoelig als je af en toe even behoefte hebt om met een paar vrienden boven wat bier uit te huilen in de kroeg of om je nieuwe levenslange stressfactor af te reageren op een bokszak of een mountainbike. Doe die dingen. En zorg dat je meisje/vrouw ze ook doet. Stuur haar, zodra ze weer enigszins kan, de deur uit. Regel een massage, ze heeft het verdiend namelijk. Hossel wat vriendinnen die haar meenemen voor de enge dingen die vrouwen samen doen; shit als muntthee drinken, een high tea, Pilates, een ingewikkelde vechtsport, dansles of iets met mannelijke strippers en eetbaar ondergoed. En begin daar, zoals ik zei, op tijd mee. Wacht niet tot het te laat is. Voor je het weet ben je drie maanden verder en heb je een bierbuik (want geen sport) en geen vrienden (want je bent er nooit). Grote kans ook dat je vrouw je tegen die tijd alleen nog maar ziet als die gast die de baby ook wel eens verschoont en toevallig ook naast haar in bed ligt. Pak je leven op, nogmaals.

Houd daarbij wel De Hormonen van je vrouw in de gaten. Want waren die dingen tijdens de zwangerschap al een nasty sta-in-de-weg, na de bevalling zijn ze helemaal onontkoombaar. Mensen die ervoor hebben geleerd, noemen dat ontzwangeren. Wij noemen het: De Hel. En dat duurt een jaar, zeggen ze. Hoe ze het ook noemen en hoelang het ook duurt, het komt erop neer dat je je vriendin/vrouw op een totaal andere wijze zult leren kennen. Ze zal bij tijd en wijle veranderen in iets demonisch, alsof een buitenaards wezen de besturing van je ooit zo geliefde vrouw overneemt en haar verandert in een monster. Normaal was ze voor rede vatbaar, behalve misschien als ze iets teveel had gedronken, maar dan was er ook dronkelige seks, dus ach, wat boeit het. Tegenwoordig kan de rede, het gezonde verstand ineens compleet verdwijnen. Zomaar. Vanwege dat je het tijgerbrood bent vergeten te halen of de afwas niet hebt gedaan. Of gewoon, zomaar, omdat jij nu eenmaal een man bent en die hebben een piemel en die piemels zijn de wortel van al het kwaad en alle ellende in de wereld. Dus.

Maak vooral niet de fout maakt er tegen in te gaan. We zeiden het eerder en we zeggen het nogmaals: doe het niet. Zeg nooit – ik herhaal: NOOIT! – dat jij óók moe en bang bent voor de toekomst, want waar betalen we zo'n baby nu van en heb ik volgend jaar nog wel een baan en wat moeten we in de naam van het opperwezen als de baby ziek wordt! Zeg nooit dat jij het heus ook niet makkelijk hebt, als mens. Dat ze daar ook maar eens een beetje begrip voor moet hebben. Doe het niet. Ongebreidelde razernij zal je deel zijn en als je niet oppast - afhankelijk van het type vrouw - krijg je divers glaswerk of etenswaar naar je hoofd geslingerd. Het is het niet waard. Geloof ons, we've been there.

Het is al met al een behoorlijke slap koord waarover je als man moet balanceren. Je hoeft niet negen maanden met een baby in je buik te zeulen, je hoeft hem er vervolgens ook niet uit te persen onder begeleiding van hevige pijnen en vrouwen die met hun handen of dodelijk ogende instrumenten in je geslachtsorgaan wroeten, maar je mag gerust stellen dat het voor jou, voor ons, ook allemaal geen pretje is. En je ontkomt er ook niet aan dat je zelf enigszins verandert. Niet die totale transitie die je vrouw ondergaat, maar je gaat dingen van jezelf meemaken waarvan je had verwacht dat je ze nooit zou meemaken. Zoals het feit dat je ineens best heel goed zonder slaap kunt, zonder dat er alcohol of anderszins geestverruimende middelen bij komen kijken. Je kunt ook veel beter tegen het geluid van een huilende baby dan voorheen – als ie van jou is, tenminste, het gejengel van dat mormel van de buren is nog steeds even irritant. En je hebt

ineens ook meningen over dingen waarover je eerder nooit een mening had of wilde hebben. Je hoort jezelf plots dingen tegen je vrouw zeggen als: 'Die luier kan strakker, tijger'. Of: 'Denk om dat nekje.' En: 'Laat haar gewoon slapen, ze wordt vanzelf wel wakker.' Zelfs: 'Kijk, zie je, ze vindt mij leuker.'

WE KENNEN VROUWEN DIE HUN MAN NA DAT SPAARZAME AVONDJE STAPPEN OPZADELEN MET DE 'NACHTDIENST'. EEN GEGARANDEERD ENKELTJE RICHTING RELATIEBREUK.

En het enge daarvan is: je meent het. Je vindt oprecht dat jij het beter kunt, dat jij het beter weet. Lullig is wel dat je vrouw precies hetzelfde vindt. Van zichzelf dan. Zij weet het beter, want zij heeft het kind in haar buik gedragen, negen maanden lang. Zij was al met die kleine aan het female bonden terwijl jij op je werk zat en dacht de wereld voor altijd hetzelfde zou blijven. Zij heeft die baby met veel moeite en nog veel meer pijn op die wereld gezet. Dus beter hou je je kop dicht en laat je haar die luier doen. Vindt zij.

Voordat je het weet heb je ruzie. Grote meeslepende ruzie met geschreeuw en gedoe. Alleen al daarom is het belangrijk dat je je eigen leven houdt; om die ruzies te vermijden. Zodra zij over die te strakke luier begint, zeg je: 'ja schatje, je hebt gelijk. Dank voor dit prachtige inzicht!' Je omhelst haar teder, laat haar de regie overnemen, pakt je sporttas en vertrekt richting de gym. Of je gaat gewoon in het park op een bankje zitten huilen, dat mag ook. Bij terugkomst ligt de baby te knorren, is je vrouw tevreden en ben jij wat frustratie kwijt.

Ook belangrijk: verdeel de taken. Probeer niet alles samen te doen om aan te tonen hoe goed jullie zijn, hoe tof jullie gezinsteam is, hoeveel jullie van elkaar houden, hoe supertof jullie relatie is en hoe enorm jullie op elkaar zijn ingespeeld. Fuck dat. Wissel af. Jij verschoont de luier, zij maakt de fles. Jij geeft de fles, zij brengt de baby naar bed. Of zij doet het de ene nacht en jij de andere.

We kennen vrouwen die er een vreemd genoegen in scheppen om hun man na dat spaarzame avondje stappen op te zadelen met de 'nachtdienst'. Een gegarandeerd enkeltje richting relatiebreuk. Gun elkaar dingen. Als jij op stap bent, mag je uitslapen. Dus als zij een avondje mallemeidenshit doet, wees dan ook zo volwassen dat je haar die nachtrust gunt. Gunnen is de sleutel.

Dat klinkt logisch en dat is het ook, maar er zijn valkuilen. Dingen als slaapgebrek, zeurbaby's, jankbaby's; ze plegen een aanslag op je redelijkheid. Ze zullen ervoor zorgen dat je je net zo kinderachtig gedraagt als dat kleine zeurzakje in het ledikant. Waak daarvoor. En pak de slaap die je kan pakken. Zeker in het begin geldt: slaapt de baby, ga dan zelf ook slapen. Doe het. Het klinkt futiel, het klinkt zelfs kneuterig, maar het kan je relatie redden. Ik zou hier liever niet lopen prediken dat slaap de sleutel is voor een ultieme-relatie-met-kind. Ik zou liever zeggen dat het te maken heeft met yin en yang, met wildebeestenseks, met liefde, maar dan zou ik liegen.

SLAAP, PAPA, SLAAP.

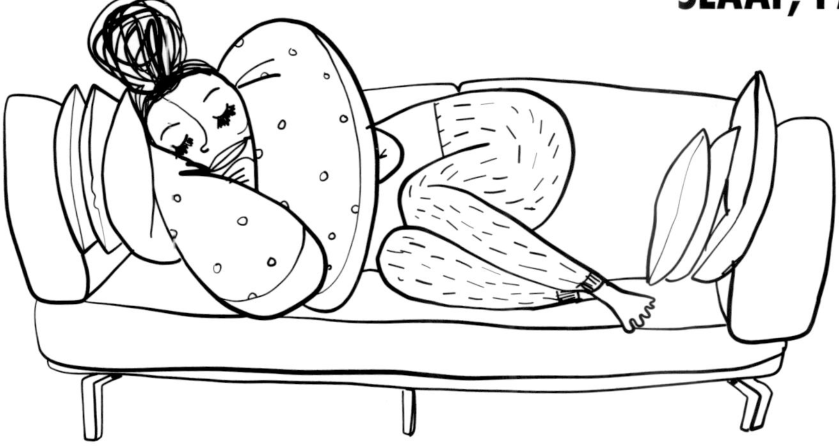

OSTEO WHUT..!?

GOUDEN TIP

GA EENS NAAR EEN OSTEOPAAT

Niet voor jezelf, maar voor je baby. Want baby's hebben last van hun darmen. Niet allemaal, veel wel. Zeker in de eerste maanden moeten ze wennen aan normale voeding in plaats van het voedsel dat via de aloude navelstreng werd ingebracht. Volstrekt logisch, nietwaar. Evenwel hebben sommige baby's daar meer last van dan anderen en die van ons had er Heel Veel Last van. Moeilijk poepen, weinig poepen, niet poepen, gerommel in haar darmen; Sammie had de hele bende en daar boven op een magnifiek gevoel voor drama, waardoor het af en toe leek alsof ze door de duivel zelf was bezeten. Er is een babymedicijn dat Infacol heet en dat helpt een beetje, maar Mensen Die Er Verstand Van Hebben gaven ons het advies om ook eens naar een osteopaat te gaan. 'Die kunnen dingen,' zeiden ze, waarna ze hun ogen tot spleetjes knepen en op lagere toon toevoegden: 'héél goede dingen.' Ik werd er helemaal eng van, maar Carlijn niet. Die blikte nog eens op Sammie en haar gierende huil en zei: we gaan naar de osteopaat.

Nadat ik had opgezocht wat een osteopaat is – ik las dingen als 'manuele therapie', 'alternatieve geneeswijze' en 'slechts gedeeltelijk vergoed door de zorgverzekeraar' – en er lukraak eentje had uitgekozen, maakten we een afspraak.

Sander, zo heette de osteopaat, was een lange, kale jongeman. Ik vond hem direct heel lief en vriendelijk. Sammie ook, gelukkig, ze liet haar drama even voor wat het was, lag zoet kirrend op het osteopatenkussen en liet zich de zachte massage van Sander welgevallen. Hij vertelde dat ze nogal stijf was van de heftige bevalling, dat ze er een flinke klap van had gehad. Ondertussen boog hij haar knietjes een paar keer richting haar maag, waarbij Sammie forse scheten liet. We keken elkaar alle drie vreugdevol aan: wow, wat een coole truc, en wat goed van onze dochter! Ze kon ruften op commando!

Op de terugweg lag Sammie zoet slapend in haar kinderwagen. Carlijn en ik zeiden niks, maar dachten meewarig terug aan hetzelfde. Aan die tijd, nog niet eens zo heel lang geleden. Die pre-Sammie-dagen waarin we ons niet hadden kunnen voorstellen dat we extatisch zouden zijn geweest met een keihard ruftende baby.

WIE? HOWARD KOMPROE

WAT? STAND-UP COMEDIAN

VOORAF

Hoelang ben je al vader?
'Ik heb een tweeling van veertien jaar oud, twee meiden; Garcelle en Sonriza.'

Zijn jij en hun moeder nog samen?
'Nee, de kinderen waren iets ouder dan een jaar toen we uit elkaar gingen.'

Wil je er nog meer?
'Dat gaat nog wel gebeuren, denk ik, want ik heb – geheel volgens protocol – een zeventien jaar jongere vrouw. Ze is nu haar master aan het afronden, maar het zou goed kunnen dat ik daarna weer luiers ga kopen. Maar ik heb ook mijn biologische klok; ik ga na mijn vijftigste geen kinderen meer maken. Dus we hebben nog vijf jaar.'

VADER WORDEN

Was je een beetje een held bij de bevalling of stond je sigaren te roken op de gang?
'Ik was in de kamer! Ik ben daar bij hoor, hallo. Het was een relatief soepele bevalling, wel heftig, maar natuurlijk een van de mooiste momenten die ik in mijn leven heb meegemaakt. We wisten van tevoren niet of het jongetjes of meisjes zouden worden. We wilde gewoon old school traditioneel wachten tot het momentje daar was. Ik meende toch echt een piemel te zien, maar dat bleek later gewoon de navelstreng. Ik hoopte nog op een miracle, dat wij de eerste eeneiige zouden krijgen met twee seksen. Maar het werden toch gewoon twee meisjes. De tweede kwam keurig een kwartiertje na de oudste.'

Wat was het eerste wat je dacht toen je je baby in je armen had?
'Ik voelde angst, veel angst. Je beseft ineens dat je een nieuwe verantwoordelijkheid hebt, en dat niets hierna nog hetzelfde zal zijn. Mijn vader keek mij aan en die lachte alleen maar: "Je houdt toch zo van vrouwen? Nou hier heb je er twee, zorg er maar voor."'

Is je leven beter of slechter nu je vader bent?
'Ik denk beter, want die nieuwe verantwoordelijkheid die je hebt, zorgt ervoor dat je hele andere beslissingen gaat nemen. Je ploetert minder onbesuisd door het leven. Niet dat het allemaal doelbewust anders is geworden maar je gaat toch minder uit, minder feesten, je bent meer thuis. Je moet gezonder gaan eten, ook, want je moet voor je kinderen koken – al hield ik altijd al van gezond eten en koken.'

Heb je nog wel tijd voor jezelf?
'Ik heb ze de helft van de tijd! La-la-la! Wanneer ze woensdags naar school gaan, zwaai ik ze uit. Dan zie ik ze de ene maand weer op zaterdag, en de andere maand op zondag. And then it's daddy's time!'

DE KINDEREN

Wiens idee was het om kinderen te nemen?
'We waren tien jaar samen en het is gewoon gebeurd. We zijn niet met een agenda de ovulatie gaan bijhouden.'

Houd je van kinderen?
'Ik ben een kindervriend, ik heb niet voor niets jaren in *Klokhuis* gespeeld. Ik heb geen moeite met kids. Mijn eigen kinderen? Die gedoog ik... nee, ik hou echt enorm van ze. Maar er zijn wel momenten waarop ze het heel erg moeilijk maken om de liefde intact te houden. Want ze kunnen gewoon echt domme dingen doen. Dat ze je echt oprecht verbazen, en dat je denkt: "*What the fuck*, hoezo deze keuze?!" Het bijzondere daarvan is dat die momenten je ogenblikkelijk terugsturen naar je eigen puberteit. Dan denk je: "Oh ja, wacht eens even..."'

Vind je je kinderen aardig?
'Ik heb wel lieve kinderen ja. Hun grootste kwaliteit is dat ze enorm droog zijn. Ze zijn niet heel snel onder de indruk van dingen.'

'NOG EEN KIND? IK DENK DAT DAT NOG WEL GAAT GEBEUREN, WANT IK HEB NU – GEHEEL VOLGENS PROTOCOL – EEN ZEVENTIEN JAAR JONGERE VROUW.'

Wat vinden ze van jou?
'Ik vind het moeilijk om dat uit te spreken. Ik vind het alleen maar gezond dat ze leren om van zich af te schoppen. Het zijn geen sukkeltjes. Volgens mij waarderen ze mij heel erg, maar soms staan ze met lede ogen te kijken. "Daar heb je die ouwe sukkel weer die helemaal niks begrijpt". Maar ik verras ze ook! Bijvoorbeeld als we in de auto zitten, met Sublime FM op, dan kan ik denk ik 99,9 procent van de liedjes blind meezingen "Wauw, onze vader is een soort van wandelend YouTube-muziekarchief." En als zij liedjes van nu leuk vinden, dan weet ik er altijd wel een sample of iets uit te halen. Ik ontmasker zo hun hele muzikale smaak.'

Lijken ze op jou of op je vrouw of op de melkboer?
'Ze lijken zo enorm op mij. Hier kan geen sprake zijn van een melkboer.'

Is het moeilijk om geen favoriet te hebben?
'Naarmate ze ouder worden, gaan ze steeds minder op elkaar lijken. Garcelle is bijvoorbeeld op haar elfde vegetariër geworden. Sonriza niet, maar die sport dan weer heel veel, want ze wil een prof-basketballer worden. Ik werd ooit gevraagd om mee te doen met *Mijn Vader Is de Beste*. Er mocht maar één kind meedoen, maar ze wilden beiden mee. Ik had de voorkeur voor de sportievere Sonriza, maar dat kun je natuurlijk niet uitspreken. Ik wilde dat ze het zelf zouden oplossen, met vergaderingen enzo, maar zij kwamen er ook niet uit. Toen hebben we maar een lootje getrokken, en kennelijk was God het met me eens, want Sonriza won. Maar als er gekookt moet worden, wil ik graag dat Garcelle het doet – die doet een culinaire opleiding. En ze houdt erg van koken. In die zin heb ik dus wel favorieten.'

Dochters of zonen?
'Ik verlies thuis alle stemmingen! Ik ben de enige man, dus ik moet nu zittend plassen, omdat ze geen zin meer hebben in druppels. Ik zou wel een andere boy willen die met mij meestrijdt voor het recht van de piemel. Maar voorlopig vis ik wat dat betreft achter het net.'

ZORGEN

Wie zorgde er tijdens de beginperiode het meest voor de kinderen?
'Tijdens hun eerste jaar was dat pittig. Ik toerde in die tijd nog volop met onemanshows. Dat waren lange dagen; voor de file vertrekken en na middernacht pas weer terug. Maar ik ging er 's nachts wel uit voor de flesjes. Dat was heftig, heel heftig. Met een tweeling doe je alles twee keer, en die lopen echt niet synchroon. De ene wordt wakker om één uur, en de andere om half drie. Je wordt helemaal gek.'

Zijn er dingen die je absoluut niet doet?
'Ik ging nooit iets uit de weg. Soms miste ik wel eens een ouderavond.'

Wat is jouw stijl van vaderschap?
'Ik ben wel streng. Uit mijn eigen opvoeding weet ik dat schreeuwen niet zoveel indruk maakt, dus dat doe ik alleen als het echt nodig is. Stil blijven en diep aankijken, maakt veel meer indruk. Maar ik ben ook rechtvaardig! Laatst kwam er eentje naar me toe en die vroeg of ze met een jongen uit de klas naar de stad mocht. Ik vind dat helemaal prima, maar het lijkt me gezond als je die meneer eerst hier naartoe neemt. Dan kan ik hem in de ogen kijken. Daarna mag je met hem naar de stad. Ik wil niet dat we in de situatie komen dat er iets vervelends gebeurt, en dat ik hem daarna pas voor het eerst zie. Daar heb ik geen zin in, want je bent wel mijn dochter.'

MOEDER DE VROUW, DE LIEFDE

Veranderde je ex veel toen ze moeder werd?
'Ik denk dat elke vrouw verandert. In eerste instantie zal ze vooral op de kinderen gericht zijn. Ik heb het allemaal niet intens meegemaakt, want we gingen anderhalf jaar na de geboorte uit elkaar.'

'UIT MIJN EIGEN O
DAT SCHREEUWE
INDRUK MAAKT
ALLEEN ALS HÉT

Seks, wil dat nog een beetje?
'Oh dat zit helemaal goed hoor! Ik ben natuurlijk niet meer het mannetje dat ik vijftien jaar geleden was, maar laat ik het zo zeggen: naar volle tevredenheid van beide partijen. Het is hier geen issue.'

Heb je advies voor collega-mannen om de boel, indien ingedut, weer vlot te trekken?
'Mijn enige advies is: los het op!'

Hoe ging het daten met een kind?
'Fien en ik kennen elkaar al tien jaar. Ik heb haar geïntroduceerd tijdens een K3-event in de Amsterdam ArenA. Mijn kids waren zes en die zaten daar maar naar haar te kijken. Vooral Sonriza, die altijd twee vingers in haar mond heeft en nooit knippert. Na Fien heel lang aangekeken te hebben, trok ze haar vingers uit haar mond en zei ze: "Jij bent raar." Dat was eigenlijk het moment dat ze elkaar accepteerden zoals ze zijn. Fien was toen nog neo-punk. Toen ze zich een paar jaar later opeens radicaal kaalschoor, vroegen mijn kinderen: "Waarom heb je kaal haar?" Ze moesten aan Fien wennen. Maar ze heeft zich nooit opgedrongen, ze liet de kinderen naar haar toe komen. Alles is heel organisch gegaan.'

Is een kind een goed accessoire voor je aanzien als man?
'Tuurlijk. Toen mijn kinderen kleiner waren, en ik nog niet bezig was met het zoeken van een nieuwe vriendin, renden ze in het park weleens naar iemand toe en zeiden ze: "Kijk, dat is mijn papa!" Dat deden ze helemaal uit zichzelf.'

PRAKTISCH

Favoriete vadergadget?
'Ze hebben al die shit. Een iPad, een Wii… Sonriza was laatst op jacht naar een goede koptelefoon. Eentje met goede bass, die op haar hoofd blijft zitten als ze fietst. Die is echt uren bezig geweest in de MediaMarkt met verschillende modellen passen. Ik ben zelf niet echt een gadget-man.'

Favoriete vakantiebestemming met kinderen?
'Als je alleen met je kinderen op vakantie gaat, moet je naar een all-inclusive resort. Je gaat het

OEDING WEET IK
NIET ZOVEEL
S DAT DOE IK
CHT NODIG IS.'

niet twee weken volhouden om ze bij alles te betrekken, want dan heb jij geen vakantie.'

Favoriete kindereten?
'Zij vinden al mijn eten heerlijk. Dat is fijn, want ik hou van koken. We doen altijd samen boodschappen; de truc is om ze erbij te betrekken. Als jij alleen met je briefje langs de schappen loopt, gaan ze kutten. Dus ik vraag wat ze willen eten en dan hoor ik echt de mooiste suggesties: wilde rijst… haricots verts… zalm. Garcelle kookt heel graag en die helpt dan, terwijl Sonriza het leuk vindt om dingen te snijden en schoon te maken.'

Wanneer mag een kind mee uit eten?
'Als je dat vanaf het begin doet, groeien ze erin. Je moet ze ook gewoon betrekken bij wat je aan het doen bent. Het voordeel van een tweeling is wel dat ze elkaar hebben.'

Wie is jouw voorbeeldvader?
'Mijn eigen vader. Zeker nu ik zelf kinderen heb. Sommige kwartjes vallen pas als je het zelf ervaart. Mijn vader was altijd rechtvaardig, geduldig. Als hij kwaad was dan had je dat over jezelf afgeroepen. Voor mijn kids is opa ook echt the man.'

WAT IS JE ULTIEME PAPA-TIP?

'Thuis zouden je kinderen in principe alles moeten kunnen doen, ook al is het debiel. Dat kun je altijd nog met ze bespreken. In beginsel moeten ze de vrijheid voelen om het te kunnen doen.'

Doe't zelf

GOUDEN TIP

DOE HET ZELF

Niet om mezelf nu op de borst te kloppen, maar je kunt gerust stellen dat ik het er maar druk mee heb, met mijn baby. Dat is geenszins een klaagzang. Ik heb er zelf om gevraagd, immers, om de kleine Sammie. Ik was me volledig bewust van de conceptie en had daar zelfs veel plezier bij, hetgeen ook gold voor mijn vrouw. Denk ik althans. Bovendien vind ik het superleuk en gezellig en gaaf, zo'n baby.

Maar druk is het wel.

Komt ook omdat ik geen baas heb. Of zoals mijn moeder zegt: geen baan. Ik ben freelancer, wat in mijn geval betekent dat ik vooral thuis achter mijn computer zit en soms naar buiten ga voor een interview, een koffie in het kader van netwerken, de dagelijkse boodschappen en wat sport in de gezellige hipstersportschool die ik 'gym' moet noemen. Daar is sinds een paar maanden de zorg van Sammie bij gekomen. Zo'n drie dagen per week, want dan werkt Carlijn. De rest van de week doen we het samen.

Dat gaat vooralsnog prima, al zeggen Andere Mensen Met Kinderen dat het 'een kwestie van tijd' is. Dat ik over een halfjaar gek word. Dat Sammie dan kruipt en zeurt en aandacht vraagt. 'Ja,' zeggen ze, 'let jij maar op met je baard, het wordt verschrikkelijk.' Ze kijken er vaak nors bij en voegen er dan onheilspellend aan toe dat we 'toch echt over het kinderdagverblijf moeten denken. Want dat is goed voor kinderen,' zeggen ze, 'daar worden ze pas écht leuk van, van kinderdagverblijven.'

Ik weet niet of dat zo is. Geen idee. Er zijn vast onderzoeken naar gedaan en dat is prima. Sterker, ik ben dol op onderzoeken, maar voorlopig vertrouw ik op mijn onlangs in werking getreden vaderinstinct. Voorlopig doe ik alles wat ik deed, maar dan met Sammie erbij. Dat is druk, ja, maar ook reuzegezellig.

BODEM LOOS
FUCK BIEBER
STAR WARS

ZO HOUD JE GELD OVER

Behalve bron van oneindig geluk en eeuwige liefde, zijn kinderen ook een kostenpost. En niet de minste. In dit hoofdstuk leert Jan Heemskerk je hoe je niet binnen twee jaar na de geboorte van je kind op straat hoeft te gaan wonen.

Het is vermoedelijk al te laat, want je zit *The Dad* te lezen, maar mocht je nog geen kinderen hebben, luidt ons dringend financieel advies: doe het niet. Ja, je leest het goed. Doe! Het! Niet! Neem geen kinderen! Ook al gieren de hormonen als bronstige vlinders door je klokkenspel, ook al droom je elke nacht van kleine trippelende voetjes over het kliklaminaat, al lijkt je geliefde met de dag meer op een wandelende baarmoeder... doe het niet. Kinderen krijgen is namelijk de meest verwoestende financiële vergissing die je ooit in je hele leven gaat maken, met de mogelijke uitzondering van je gehele miljoenenerfenis op 23 zetten bij roulette in het casino. En alles verliezen, natuurlijk.

Toe, denk er nog even rustig over na. Ben je samen, maar kinderloos, dan heb je het goed. Je kunt toe met een klein huis, zelf kiezen of je je geld uitgeeft aan nuttige of prettige dingen, of je het oppot of over de balk smijt, en je kunt altijd bezuinigen tot het niveau waarop je het met een bijstandsuitkering-voor-twee nog menswaardig kunt redden, als je van bordspellen, vegetarische stamppot, en elkaars warme lichaam houdt. Los van geld: je kunt seks hebben wanneer je wilt, naar de kroeg wanneer je wilt, opstaan en gaan slapen wanneer je wilt, alle schepen achter je verbranden en met een brakke schuit op wereldreis gaan, of je aansluiten bij een sekte. Je kunt straffeloos uit elkaar! Want wat je ook doet, je valt er niemand mee lastig, behalve jezelf en elkaar. Dat is echte vrijheid.

Neem je een kind, ben je de sjaak. Zeker als je er twee, of zoals in mijn geval, drie krijgt. Nog even los van de zorgen en het tijdsbeslag: kinderen kosten veel geld. Want kinderen moeten eten. Steeds méér eten. Ze groeien maandelijks uit kleren en schoenen, gaan naar school, dan nóg weer een keer naar school, en dan – als je pech hebt – ook nog studeren. Ze moeten verzekerd, en willen om de haverklap cadeautjes. Ze hebben fietsen nodig, dan een scooter, dan een auto(rijbewijs). Zijn ze de deur uit, moet jij nog steeds de huur betalen, want ze hebben geen tijd voor een baantje. Mijn oudste zoon is nu 25 en tekent deze week zijn allereerste arbeidsovereenkomst. Mocht hij door zijn proeftijd komen, is hij mijn eerste kind dat zichzelf kan bedruipen. Na 25 jaar sappelend vaderschap!

En ben ik er dan van af? Nee. Want daar hebben we zoon twee (23), inmiddels in bezit van een HBO-bachelordiploma Economie. Die heb ik tot voor kort nooit betrapt op enige ambitie, anders dan het verbreken van een record voor aantal-uren-slaap-per-nacht, en die meent ineens dat hij moet doorgaan voor een universitaire masteropleiding. Nóg twee jaar in de schoolbanken op kosten van papa, als hij tenminste slaagt voor het toelatingsexamen wiskunde, dat ook 250 euro per poging kost. En vervolgens moet hij nog een baan vinden.

Ten slotte hebben we dan nog zoon drie. Omdat ik zo nodig ook nog aan mijn tweede echtgenote (zie: scheiding) moest laten zien wat een mooie kinderen ik kan verwekken. Die is pas twaalf, maar de voortekenen zijn slecht: met een beetje pech gaat hij naar het VWO en zul je zien dat hij ook gaat studeren. Waarschijnlijk iets waar geen droog brood in valt te verdienen.

Mensen zeggen graag over het hebben van kinderen: 'Je krijgt er zoveel voor terug'. Als dat zo is: niet in klinkende munt! Ik zou bijvoorbeeld graag hebben gezien dat een van mijn kinderen heel goed had kunnen voetballen, een contract van 100 miljoen dollar had gesloten met Barcelona, en uit dankbaarheid voor de goede zorgen een mooie villa aan de Spaanse kust had aangeschaft voor zijn geliefde ouders. Is niets van terechtgekomen. Ik had het ook best fijn gevonden als een van mijn zonen een praktisch ambacht had geleerd: aannemer, timmerman, stukadoor, voor mijn part kok, fietsenmaker of dieselmotordeskundige. In elk geval iets met praktische waarde voor de huishouding. Zoals het er nu voorstaat, kunnen de heren nog geen fietsband plakken. Laat staan een tegelwandje zetten, een steigerhouten tuinmeubelset timmeren, een geloofwaardige maaltijd koken, of de ouderlijke zeilboot winterklaar maken.

Heel af en toe vraag ik de jongens – meestal als ze om een nieuwe laptop, een klein 'overbruggingskrediet' (*ik zwéér dat je het terugkrijgt, pap!*) of een pakje sigaretten en een sixpack bier komen vragen – of ze zich mijn gulhartigheid nog zullen herinneren als ik kwijlend van de armoe in Huize Avondrood zit te knagen aan half rauwe knolrapen, vlak voordat ik mijn wekelijkse wasbeurt met de brandslang krijg. Meestal kijken ze me dan blanco aan, verbijsterd over zo veel onnozelheid, en doen er wijselijk het zwijgen toe. Weinig kans, ouwe.

Samenvattend: kinderen zijn een bodemloze put die niets oplevert. Het is hard, maar zo liggen de zaken. Een gemiddeld kind, zo becijferde oudereblad *Plus Online*, kost van wieg tot bul ongeveer 110.000 euro. Het welbekende Centraal Bureau voor de Statistiek houdt het op 17 procent van het inkomen voor 1 kind, 26 procent voor twee kinderen, en een machtige 33 procent voor drie kinderen. Dat is, na de belasting, en ex aequo met het huis, dus de op één na grootste kostenpost in je leven.

Is daar nou niets aan te doen? Ik denk van wel. Want het is natuurlijk ook zo dat veel van die kosten ontstaan door onze eigen schuld, met name die van de moeder, die vindt dat het de kleine aan niets mag ontbreken. Op de volgende pagina's zal ik proberen in min of meer willekeurige volgorde een vijftal manieren aan de orde te stellen om het leven met kinderen financieel enigszins draaglijker te maken. Zonder er al te veel geluk voor in te leveren. En nog opvoedkundig verantwoord ook!

1 CADEAUS

Ieder kind is elk jaar jarig. Daar kom je niet onderuit. En in december komt Sinterklaas. Doe je ook niks aan. Maar voor veel ouders is dat niet genoeg. Daar komt de Sint ook nog een keer bij opa en oma. Of anders wel de kerstman. Moet er ook een cadeautje komen als papa of mama een paar daagjes in het buitenland is geweest. Of een aardigheidje om de vakantie mee door te komen...

De eerste de beste manier om de kosten van cadeaus te drukken: minder cadeautjesdagen! Als je je schuldig voelt omdat je alweer een week hebt liggen luieren op de Malediven onder het mom van studiereis: blijf de volgende keer thuis! Wil je vaker die stralende lach op het gezicht van je kind zien: doe een keer samen een spelletje. Cadeautjes zijn iets bijzonders voor speciale dagen, geen goedmakertjes of ruilmiddel voor liefdevolle aandacht van ouders. Niet als je een modaal inkomen hebt, tenminste.

Een ander ding van cadeaus: we kopen er veel te veel en ze zijn veel te duur. Iedereen met een kind kent wel zo'n verhaal waarin de kleine wordt overladen met de meest dure presentjes, uiteindelijk alleen maar met die ene lappenpop of die goedkope voetbal wil spelen, en zijn peperdure radiografisch bestuurbare kernonderzeeër geen blik waardig gunt. Die verhalen zijn waar. Zo hebben mevrouw Heemskerk en ik weleens berekend dat er voor minimaal 2500 euro aan Lego stof staat te verzamelen op zolder. Onder die Lego: een compleet Intercitynet met bijpassend bergdorp. Eén keer mee gespeeld. Nou, oké, twee keer. Een halfuurtje. Maar dan ook alleen omdat wij het hadden opgebouwd en klaargezet. En zo kan ik nog wel even doorgaan. De Dj-set. De GoPro-camera. Diverse werphengels met toebehoren. Een fortuin aan design-stepjes en longboards. Allemaal stille getuigen van een falend cadeautjesbeleid. Ingegeven door: het Zielige Kind-syndroom.

Als mijn moeder vroeger Sinterklaasinkopen ging doen, kwam ze bij thuiskomst steevast tot de conclusie dat ze een van haar kinderen schandalig tekort had gedaan. Door een cadeautje te weinig te kopen. Of iets goedkoops tegenover iets duurs voor de andere twee. Dat was dan natuurlijk zielig, en aldus ging ze terug naar de winkel en kocht een extra cadeautje voor het achtergestelde kind. Bij thuiskomst kwam ze dan tot de ontdekking dat het nu weliswaar in orde was voor kind A, maar ditmaal kind B véél te weinig kreeg. En zo groeiden de stapels cadeaus naarmate Sinterklaas naderbij kwam – door het Zielige Kind-syndroom. Ik heb altijd gemeend dat dit de belangrijkste reden was waarom mijn vader uiteindelijk op de wilde vaart is gegaan en in de goten van Buenaventura is overleden aan gangreen in de linkervoet.

Hoe dan wel om te gaan met cadeaus? Simpel. Doe normaal. Voor kleine kinderen koop je niets, want die krijgen toch twaalf knuffels, malle sokjes, stapels voorleesboekjes, plastic sleutelbossen, looprekjes en blokkendozen van hun grootouders. En hebben er verder toch geen weet van. Bovendien houd jij je geld in je zak voor luiers en Nutrilon. Voor kinderen vanaf 4 jaar: koop drie dingen. Eén: een cadeau waar je kind echt blij mee is en liefst jaren mee vooruit kan (spullen voor de verkleedkist, voetbal, skelter, fiets, Nerf-machinegeweer, trampoline, Ox-board, Xbox, knutseldingen, etc). Twee: iets wat het kind toch nodig heeft zoals een sporttenue voor hockey of voetbalclub, dikke jas, een paar moeilijke merk-sneakers, een grotere fiets, een North Face-rugzak, een iPhone 7S of een laptop. Drie: een aardigheidje omdat anders het uitpakken zo snel is afgelopen. Denk aan snoep, stuiterballen, laserlampjes en kleine roze dingen. Je zult zien: je kind is er hartstikke blij mee, en binnen een paar jaar aan gewend. Ten slotte nog een gouden tip: koop (en verkoop) alles op Marktplaats. Goed voor de portemonnee en milieuverantwoord.

2 VAKANTIE

In de top tien van mijn meest prominente ergernissen staat 'de huilende baby in het vliegtuig'. Alsof het al niet erg genoeg is om elf uur opgevouwen te zitten in een economy-stoel, presteren luchtvaartmaatschappijen het namelijk altijd mij naast – of binnen een straal van drie meter bij – een koppel-met-zuigeling te plaatsen. En die baby's, die huilen. Die huilen als we opstijgen en landen, want pijn in de oortjes. Die huilen onderweg, want honger. Die huilen nog een beetje meer, want krampjes. Die huilen omdat ze zich vervelen, niet willen slapen, niet kunnen slapen, omdat ze bang zijn voor het lawaai en al die mensen. Die huilen, kortom, vrijwel de hele reis en drijven de rest van de passagiers hiermee tot waanzin.

Was ik de baas van de wereld, kwam er direct een verbod op intercontinentaal vliegen voor kinderen onder de 6 jaar – de leeftijd waarop de opvoeding enig effect begint te sorteren en je de kleine met een sinister dreigement of een ferme oorvijg tot zwijgen kunt brengen. Baby's horen niet in een vliegtuig. En baby's hoeven niet op vakantie naar plaatsen waar het 28 graden is in de schaduw. Jonge kinderen horen in de achtertuin in een badje met een klein laagje water en een zonnemutsje op hun kop. Met een vader en moeder die vertederd toekijken vanuit de Hartman-tuinstoel met een biertje of wijntje in de hand.

Want: toen je besloot een kind te nemen, heb je het recht verbeurd op exotische grotemensenvakanties naar Verweggistan. Die zijn voor mensen die geen kinderen hebben en ook niet willen worden lastiggevallen met het lawaai van jouw nageslacht – niet voor niets zijn adult-only-hotels tegenwoordig zo razend populair. Het is het een of het ander, weet je, keuzes hebben gevolgen, en jij moet er dus aan wennen dat je de eerste veertien jaar van je leven als ouder met gezinsvakantie moet. En de gezinsvakantie gaat met de auto, niet verder dan Spanje, naar een camping met een groot zwembad, met heel veel andere kinderen waar jouw grut de hele dag mee kan spelen, terwijl jij een beetje mismoedig de laatste Lee Child zit te lezen voor de bungalowtent, tot het tijd wordt de piepers op te zetten en de koters uit de speelwei te plukken.

Gruwelijk? Zeker. Maar niemand heeft ook beweerd dat het leven van jonge ouders over rozen gaat. En dit is de enige soort vakantie die je kinderen leuk vinden. Op plaatsen waar jullie als ouders heen willen, is het eenzaam, saai en stom, en smaakt het eten vies. Wij hebben ooit tijdens een all-in-vakantie in Turkije een auto gehuurd om een excursie te doen naar de geboorteplaats van Sinterklaas. Het was maar een uurtje rijden, maar al halverwege hadden de kinderen ons zodanig het bloed onder de nagels vandaan gezeurd, dat we maar zijn teruggereden naar het hotel, om de hele middag aan het zwembad te gaan zitten en onderwater-karate met die etterbakken te doen. Geen leuk verhaal, ik weet het, maar zoals wijlen Johan Cruijff placht te zeggen: elk nadeel heb zijn voordeel. Kampeervakanties met een bescheiden tent, liefst in eigen land, en zelfgemaakt eten (kinderen in een restaurant: de hel) zijn wél spotgoedkoop! Zo goedkoop, dat je je makkelijk een seks- en shopweekend Barcelona voor met-z'n-tweetjes kunt veroorloven!

3 KLEREN

Mijn ouders waren niet arm, maar hadden het ook niet breed. Daar komt bij: mijn ouders hadden geen smaak. Een dodelijke combinatie. Dus liep ik als kind voor gek in spijkerbroeken van Palomino (C&A), moeilijke gezondheidssandalen van een merk dat me goddank is ontschoten, en overige non-descripte kledij van de Zeeman. En dan moet je weten: ik had ook nog eens een uilenbril en was van nature verlegen met meisjes. Het is een wonder dat ik toch zo ver ben gekomen in het leven.

JE HEBT OOK MENSEN DIE MET LOMPEN EN EEN UILENBRIL DE TOP WETEN TE HALEN.

Ik wil maar zeggen: ik begrijp dus dat kinderen designkleren en luxe sneakers moeten dragen omdat ze anders worden gepest. Maar toch zie ik drie manieren om je kind goed in de kleren te steken zonder er tweemaal per jaar een fortuin aan uit te geven. Allereerst: realiseer je dat kinderen groeien als een waanzinnige, en dus relatief kort in dezelfde kleren passen. Realiseer je dat hetzelfde geldt voor kinderen die iets ouder of jonger zijn dan de jouwe. Wat is er dan logisch en voor de hand liggend? Precies: dat je met een roedeltje gelijkgestemde ouders een levendige ruilhandel opstart! De kleren van jouw oudste naar de jongste van Jeroen en Nathalie, die voetbalschoenen van Ties van de buren naar jullie Victor, de feestjurk van ons Jamie naar Mandy van Joop en Haike. Als iedere kledingstuk een tweede, nee, dérde leven krijgt, kun je er nog eens met goed fatsoen wat geld aan uitgeven – zolang de anderen in de circle of clothes dan maar hetzelfde doen.

Een tweede manier: zoek een goede tweedehandswinkel. Eigenlijk een commerciële variant op de ruilhandel hierboven. Iedere stad heeft wel een paar hippe winkeltjes, veelal gerund door een matroneachtige vrouw. Het zou kunnen dat je je aanvankelijk enigszins gegeneerd voelt als je voor 20 eurootjes een afdanker van een kakkertje meegrist, maar wees gerust: vintage kleding is zelfs in bovenmodale kringen volkomen geaccepteerd. Je kunt je vrouw gerust de oude kleren van jullie kinderen bij het winkeltje te koop laten aanbieden.

Kom je toch niet over de schaamte heen of moet je gruwen bij de gedachte dat jouw kraakpropere kroost kleren moet dragen waar een andere snotblaag in heeft zitten zweten: kies dan voor de vlag-op-een-modderschuit-methode: je koopt voor je oogappel een paar gloednieuwe, superhippe, in het oog springende luxe-items, en vult de rest van de garderobe aan met spulletjes van de Hema, Zara of H&M. Met een beetje mazzel kom je ermee weg. Zo niet: pech gehad. Je hebt ook mensen die met lompen en een uilenbril de top weten te halen.

Zeker. Een vreemde eend in de bijt van dit verhaal, zeker als jullie nog blozend van ouderliefde over de wieg staan gebogen. En laat direct gezegd zijn: ik hoop dat jullie allemaal nog lang en gelukkig leven tot de dood jullie op je zesennegentigste scheidt, voor eventjes natuurlijk, en jullie daarna een paradijselijke eeuwigheid in de hemel tegemoet gaan! Sterker nog: het is in jullie allergrootste financieel eigenbelang dat jullie bij elkaar blijven. Want scheiden is onbetaalbaar. Niet alleen moet je alles dubbel hebben, want ieder een huis en in beide huizen moeten de kinderen zich thuis voelen, kinderen maken ook handig en gewetenloos gebruik van jullie schuldgevoel. Want iedereen weet: de kinderen zijn het slachtoffer bij de scheiding. En dat zullen jullie weten ook.

Dus worden jullie tegen elkaar uitgespeeld (bij mam mag het wel! Papa geeft ons wel een 56-inch breedbeeld-tv!) en durven jullie de gekwetste zieltjes niets te weigeren. Een dure grap. En dan hebben we het nog niet eens over de kinder- en/of partneralimentatie die een van beiden aan de ander moet overmaken, maar die op de een of andere manier nooit volstaat alle kosten te dekken. Scheiden is een nachtmerrie.

Ga dus, voor je die slome huismus in de steek laat voor je sappige secretaresse, eerst bij jezelf te rade: is er nog een manier om het huwelijk te redden of minimaal draaglijk te houden, desnoods met een sappige secretaresse in de coulissen? Het is mijn overtuiging dat in de meeste hedendaagse scheidingsgevallen getrouwd blijven mét geld is te prefereren boven scheiden zonder geld. Alleen denken veel mensen daar niet aan in alle emotie, woede, en hun verlangen naar een sappige secretaresse.

Meer nuttige info over geldzaken:

www.wijzeringeldzaken.nl/Kinderen/checklist-kind-en-geldzaken

www.nibud.nl/consumenten/wat-kost-uw-kind

5 ZAKGELD

Tot nu toe hebben we de zaak met name vanuit het oogpunt van de ouders bekeken, en de rol van het kind buiten beschouwing gelaten. Dat is niet handig, en ik kan het weten. Een van de grootste fouten die ik – in elk geval bij de eerste twee – in de opvoeding heb gemaakt is: ik heb ze nooit het verband tussen inspanning en resultaat weten bij te brengen. Of zelfs maar het concept van 'iets doen voor je geld'. Ofwel: de waarde van geld.

En dus heeft bij al mijn kinderen al jong het idee postgevat dat zij op elk denkbaar moment recht hebben op alles dat ze wensen, en wel zonder hiervoor enige inspanning of tegenprestatie te leveren. Het probleem is: als kinderen menen dat geld aan de bomen groeit en altijd in ongelimiteerde hoeveelheden beschikbaar is, kun je het ze moeilijk kwalijk nemen dat ze nooit tevreden zijn met wat ze hebben, omdat er immers nog zoveel dingen zijn die ze *niet* hebben.

Krijg je het voor elkaar ze duidelijk te maken hoe hard er moet worden gesappeld om je inkomen bij elkaar te sprokkelen, hoeveel geld je elke maand kwijt bent aan de normale dingen als eten en drinken, gas en licht en hypotheek, de auto, eventuele huisdieren en natuurlijk het onderhoud van henzelf, de kinderen, zou het kunnen dat ze beseffen hoe weinig geld er eigenlijk overblijft voor *FIFA 2017 Platinum Edition*. En hoe fantastisch bijzonder het is dat ze dit peperdure spel dan tóch krijgen. Leg dus van jongs af de nadruk op jullie armoede en hoe hard mama en papa moeten werken om een eenvoudige boterham op de plank te krijgen. Kinderen geloven alles en groeien aldus op met een gevoel voor dankbaarheid bij elke aalmoes die ze krijgen.

Nog beter is ze op zeker moment medeverantwoordelijk te maken voor hun eigen keuzes. Bijvoorbeeld door ze zak- en/of kleedgeld te geven, dat ze naar eigen inzicht kunnen besteden aan domme dan wel nuttige dingen. Het is natuurlijk wel handig een en ander enigszins te monitoren – onze zoon van 12 had bijna zijn complete fortuin binnen drie weken via de pinpas aan tosti's-en-snoep-voor-iedereen uitgegeven – maar zo leren ze wel dat je niet zowel een coole jas als een coole telefoon kunt betalen, of later: 18 bier in het café en óók nog de buskaart voor de komende maand. Zo ontdekken ze dat alles, altijd een prijs heeft. Geef dus ook niet te veel geld, want dan raakt het nooit op, en de bedoeling is natuurlijk dat ze zich niet kunnen redden met zakgeld alleen. Daar hebben ze namelijk niets voor hoeven te doen.

Echte vooruitgang in de opvoeding boek je namelijk pas als je kind vanwege geldgebrek op zoek moet naar een baantje. Ik moet eerlijkheidshalve bekennen dat ik er nooit in ben geslaagd mijn kinderen zover te krijgen, maar een goede trainer hoeft ook niet per se een topvoetballer te zijn geweest. Ik heb het wel geprobeerd. Een van mijn zoons heeft twee keer folders rondgebracht, kreeg er toen genoeg van en flikkerde, hiertoe aangemoedigd door een vriendje met wie het slecht is afgelopen, de hele boel in een plaatselijke bunker en stak alles in brand om de sporen uit te wissen. Schade: 850 euro, te voldoen door papa. De andere heeft ooit drie diensten gedraaid als afwashulp in een restaurant, waarna hij last kreeg van blaren van het staan, of eczeem aan zijn handen, of acute aanstelleritis, ik weet het niet meer precies. In beide gevallen: jammer. Want ze hadden veel eerder dan nu is gebeurd, kunnen ontdekken hoe fijn het is ergens je best voor te doen, en daarvoor te worden beloond. Een les waar ze op school, maar ook nu, in het echte leven, hun voordeel mee hadden kunnen doen. En een begin van besef van de waarde van geld, en de eindigheid van een budget. Zuinigheid met vlijt bouwt huizen als kastelen, zeiden mijn grootouders graag. En ze hadden gelijk!

TOTAAL RUPTUURTJE

GOUDEN TIP

GA OOK EENS NAAR HET CONSULTATIEBUREAU

Wie kinderen heeft of lekker erotisch bezig is ze te maken, komt in aanraking met een hoop nieuwe woorden. Je vocabulaire wordt ongevraagd uitgebreid. Je ontkomt er niet aan, ook al zijn het woorden waarvan je de betekenis liever niet had geweten. Lactatiedeskundige is er eentje. Zoogcompres vond ik ook een mooie. En tevens hydrofiele doek, fontanel, totaalruptuurtje en consultatiebureau mogen er zijn, qua verschrikkelijk.

Even over die laatste: wie heeft dat ooit bedacht? Had dat niet wat gezelliger gekund, dat woord? Het klinkt als een herinrichtingskamp voor mensen van inferieure kwaliteit, iets engs in ieder geval. En zo voelt het ook als je er binnenkomt. Ik voel me in ieder geval hoogst ongelukkig als ik daar zit te wachten met Sammie. Ja, dat doe ik, want Carlijn heeft een grotemensenbaan en kan bovendien niet tegen de prikken die de consultatiemevrouw in de benen van onze dochter drukt.

Dus zit ik daar, meestal op droefgeestige dinsdagochtenden. Als enige man. Al moet ik zeggen dat ik ooit een andere piemeldrager tegenkwam in de helverlichte gangen van Het Bureau. Maar zijn baby schreeuwde moord en brand en het zweet liep van zijn forse, rode gezicht. *Male bonding* zat er niet in, dat zag je zo.

Dus richtte ik me maar op Sammie, zoals ik tegenwoordig doe als ik me geen houding weet te geven – een baby is het nieuwe Facebook, ik zweer het je, maar dit terzijde. Ik zeg dingen als 'guttegut', 'loeloeloe' en 'zit je nu weer te poepen, kleine koningin?' Met de rest van de wachtenden krijg ik geen connectie, want die zijn vooral druk met elkaar en lijken elkaar allemaal te kennen.

Geen idee hoe dat kan, trouwens. Is er wellicht een soort jongemoedersverzamelpunt dat ik over het hoofd heb gezien? Of worden deze banden gesmeed tijdens de door ons verfoeide en dus vermeden cursussen *Zo Baar Je Een Baby, Hoe Houd Je Je Baby Heel* en *Zo Voorkom Je Ontsteking Aan Je Tiet Tijdens Het Zogen Van Je Wondertje?*

Het is eenzaam en zielig voor vaders op Het Consultatiebureau, dat wil ik maar zeggen. En het wordt hoog tijd dat daar verandering in komt. Ik wil met andere baardvaders kunnen highfiven en praten over niks. Dus ga zelf eens naar dat bureau. Is je vrouw een ochtendje vrij en voel ik me niet zo sneu.

WIE? ALEX BOOGERS

WAT? SCHRIJVER

BEKENDE VADERS

VOORAF

Hoe heet je zoon & hoe oud is hij?
'Mijn zoon is vijftien (wordt 3 mei zestien) en heet Caja. Mijn vrouw is Indisch en in Indonesië betekent caya rijkdom, zowel materiële als geestelijke. *Caya* is ook een uitroep als: ongelooflijk! Het was de combinatie van die twee betekenissen: een kind overrompelt, overdondert én verrijkt je. Ik vind het ook mooi dat je aan de naam niet hoort of het een jongetje of meisje is. Als het een meisje was geweest, had ze ook Caja geheten.'

Hoelang ben je samen met zijn moeder?
'Te lang. Ik zeg dat met een knipoog. Een relatie is hard werken. Je gaat door allerlei stadia heen. Vaak raken stellen na zoveel jaar verzuurd, uitgepraat, of belanden ze bij een ander. Dat is bij ons niet gebeurd, maar dat vraagt vrijheid. Je moet elkaar volledig kunnen vrijlaten. Wij raken niet van de leg als ik een andere vrouw leuk vind, of als zij op een feestje met een andere man danst. Als ik met een ander naar het Boekenbal ga omdat mijn vrouw geen zin heeft, worden we raar aangekeken, maar voor ons is dat oké. Mijn vrouw en ik hebben een heel goed leven samen, niemand zal dat aantasten.'

Wil je nog meer kinderen?
'Door mijn schrijverschap was er eigenlijk niet eens ruimte voor één kindje. We waren arm. Ik wilde eerst mijn leven als schrijver op de rails hebben, mijn vrouw werkte bij een bakkerij. Kinderen kwamen nooit ter sprake, tot mijn vrouw zei dat ze het een gemis zou vinden als ze nooit moeder zou worden. Dan heb je dus een kinderwens. Ik wilde eigenlijk twee kindjes, maar we konden niet rondkomen. Toen Caja er was, sprong mijn moeder zelfs bij. Toen we het financieel eindelijk beter kregen, werd mijn vrouw ziek aan haar baarmoeder. Eenmaal hersteld, was onze zoon alweer zoveel jaar ouder en waren we al met z'n drietjes op vakantie geweest. We vonden het prima. Het is ook niet zo dat je geen gezin hebt als je maar één kind hebt.'

VADER WORDEN

Was je een beetje een held bij de bevalling?
'Nou, 'held'... ik was in elk geval geen passieve, afwachtende, conservatieve, hulpbehoevende vader. Ik hielp zoveel mogelijk mee. De verpleegkundige had weinig te doen. Mijn vrouw had beenweeën en ik masseerde haar – door mijn sportachtergrond heb ik leren masseren. Ik mocht haar alleen loslaten om mijn handen te koelen. Drieëntwintig uur lang was ik in touw, mijn handen waren helemaal opgezwollen. Omdat de weeën niet goed op gang kwamen, moest ze onder een warme douche in de ziekenhuisbadkamer. Ze stond daar naakt, met haar handen tegen de muur geleund, een wee op te vangen terwijl het water op haar lichaam neerkletterde. Toen ik zo naar haar keek, was ik niet alleen trots, maar ook nederig en dankbaar. Dit hebben al miljoenen vrouwen vóór haar meegemaakt, dacht ik. Ik ga dit niet meer zien in mijn leven. Hoe ze het opving was prachtig: niet wanhopig of in paniek, maar sereen, in haar eigen universum. Een Indische vrouw in een tropisch regenwoud, zich vasthoudend aan een boom, zou het precies zo doen, stelde ik mij voor. Het zag er prachtig uit. Sindsdien begrijp ik niet waarom vrouwen beweren dat mannen blij moeten zijn dat zij geen kinderen hoeven te krijgen. Wat ik daar zag gebeuren was pure rijkdom. Ik dacht: wat zou ik ervoor geven om dat te mogen ervaren? Mannen kunnen alleen observeren, zijn de stille voorbijgangers. De pijn ben je onmiddellijk vergeten wanneer het kindje op je buik ligt. Dat gold in elk geval voor mijn vrouw, terwijl de bloedblubber na de geboorte nog uit haar gulpte.'

Wat was het eerste wat je dacht toen je je baby in je armen had?

'Eigenlijk niets, want er was veel zorg. Hij had er 23 uur over gedaan, zat vast in het geboortekanaal. De gynaecoloog kwam erbij en zei dat het bij de volgende wee geboren zou worden. Hij pakte een klem en een schaar, en in een handeling die voor mij te snel ging, trok hij de baby er letterlijk uit. Hij legde hem even op haar buik en de verloskundige knipte de navelstreng door. Er was geen mogelijkheid dat ik dat kon doen. Het kindje werd meteen weggenomen voor onderzoek. Ik was vooral enorm onder de indruk van alles. Hoe kalm mijn vrouw al die tijd was gebleven verbaasde iedereen. Ze was niet gaan schreeuwen of huilen. Met de weeën was ze natuurlijk aan het worstelen, maar tussendoor viel ze zelfs in slaap! Onze gynaecoloog heette Dokter Engel, heel symbolisch: na 23 uur kwam een engel mijn zoontje halen.'

Is je leven beter of slechter nu je vader bent?

'Gezien mijn achtergrond heeft het vaderschap mij wel gedefinieerd. Ik ben bastaardkind, mijn moeder werd ongewenst zwanger toen ze achttien was. Daardoor heb ik een moeilijk leven gehad en altijd gedacht: als ik ooit vader mag worden, zal mijn kindje niet alleen gewenst zijn, maar zal ik ook een aanwezige vader zijn. Ik kan me geen leven voorstellen zonder mijn zoon.
Er zijn mensen die kiezen voor een leven zonder kinderen. Dat kan, natuurlijk, maar ik kan mij dat niet voorstellen. Als je kiest voor een leven dat alleen om jou draait, dan komt er een punt dat alle dromen verwezenlijkt zijn, of in rook zijn opgegaan. De reizen zijn gemaakt, de feesten heb je gehad, de liefde heb je uitgehold. Het klinkt voor mij te beperkt. Het lijkt mij een hol en leeg bestaan. Volledig opofferend leren zijn is louterend en verrijkend. Je kunt zeggen: je krijgt er zoveel voor terug. Onzin, want de eerste paar jaar krijg je er geen tering voor terug. Je hebt er alleen maar ellende van. Het eerste jaar ben je, klinisch gezien, aan het investeren. In die opofferingen schuilen grote lessen van nederigheid. Als je dat goed aanpakt, krijg je het later in honderdvoud terug. Op momenten en in vormen zoals je nooit had verwacht.'

Ben je gezonder en verstandiger geworden door het vaderschap?

'Gezonder niet, verstandiger wel. Ik maak nog steeds keuzes volledig gebaseerd op artistieke overwegingen – dat klinkt een beetje verheven, maar zo bedoel ik het niet. Ik kies zelden voor het makkelijke verdienen, maar altijd voor het verhaal dat ík wil vertellen, ook al zitten er maar tien lezers op te wachten, die daarvoor dachten dat er voor hen geen verhaal bestond. De verhalen die ik moet vertellen, ga ik vertellen. Dat is onveranderd. Ik ben me wel meer zorgen gaan maken over mijn financiële toekomst. Ik wil voor mijn gezin kunnen zorgen en het kunstenaarsleven staat op gespannen voet met het gezinsleven. Dat is een spagaat, en dat is altijd zo geweest, denk ik. Ik krijg soms woedeaanvallen en driftbuien op momenten dat ik aan beide kanten uit elkaar word getrokken: als er een deadline aankomt, als er niet genoeg geld is, als het verhaal wacht. Ik zal nooit voor een van de kanten kiezen.'

Je bent geen slechtere schrijver geworden?

'Nee, zeker niet, omdat ik met nóg meer vuur en woede die romans eruit wil rammen.'

Zag je er nog een beetje normaal uit of liep je rond als levend kotsdoekje?

'In de beginjaren heb ik altijd weinig slaap nodig gehad, maar het was wel pittig: je leeft in het ritme van je kind, niet in dat van jezelf.'

Had je nog tijd voor jezelf? Voor vrienden, sport en werk?

'Alles móest. Ik had schrijfnachten, schreef vaak thuis en voedde mijn kind grotendeels op, want mijn vrouw werkte. Ik bracht hem twee dagen naar de opvang, die toen nog deels vergoed werd. Op de fiets had ik zijn kinderspulletjes in een rugzak achterop, Caja voorop in het zitje en de hond aan de lijn in mijn hand. Zo was die ook meteen uitgelaten. Ik schreef mijn romans tussen de dozen: mijn werkkamer had ik moeten opofferen voor de babykamer. We woonden klein, op vierhoog achter. Elke dag ging ik vier trappen omhoog met die Maxi-Cosi, boodschappentassen, rugzakken, de hond. Dat bestaan was slopend. Maar ik was gedreven: altijd wilde ik dat boek maken.'

DE KINDEREN

Wiens idee was het om kinderen te nemen?
'Als zij geen kindje had gewenst, zou hij er waarschijnlijk niet zijn gekomen. Ik stond er nogal anoniem tegenover, wist wat er kon gebeuren als het níet gewenst was: mijn moeder uitte haar woede en frustraties vaak op mij. En ik wist dat er nog moeilijke jaren zouden komen. Het was niet zo dat ik mak was, dat ik alles maar deed wat mijn vrouw wenste, maar we vonden intuïtief een middenweg. Dat is me uitstekend bevallen.'

Houd je überhaupt van kinderen?
'Zelf had ik nooit zoveel met kinderen, maar mijn vrouw zei altijd dat kinderen veel met mij hebben. Ik kan een beetje de misantroop zijn: ik houd niet zo van mensen an sich. Op verjaardagen vermaak ik liever de kinderen met stemmetjes en poppen dan dat ik met volwassenen moet ouwehoeren over dingen die me totaal niet interesseren. Volwassenen vragen altijd hetzelfde: hoe gaat het met je boek? Kinderen zijn eerlijk. Maar als ze gaan janken, heb ik er snel genoeg van.'

Wat vindt je zoon van jou?
'We hebben een heel goede band. Hij is een gevoelige, artistieke jongen. Zijn tekentalent heeft hij van de familie van mijn vrouw, daarin zitten reclameontwerpers en illustratoren. Zijn betovergrootvader is een Armeense frescoschilder. Op het consultatiebureau, de kinderpolitie, hielden ze schriftjes bij. Aan potloodkrassen konden ze zien hoe zijn motoriek zich ontwikkelde. De medewerkster zei: 'Het is niet de bedoeling dat u uw kind helpt, hij moet zélf tekenen'. Ze dacht werkelijk dat ik van die stokpoppetjes met bezemhandjes had gemaakt om haar te overtuigen hoe goed mijn zoon was. Caja had tekenfilmfiguurtjes nagetekend, maar dat geloofde ze niet. De intensiteit die ik bij het schrijven heb, heeft hij met tekenen. Daarin herkennen we elkaar, dat creëert een band.

'ALS ZIJ GEEN KINDJE HAD GEWENST, ZOU HIJ ER WAARSCHIJNLIJK NIET ZIJN GEKOMEN.'

Mensen verwachten dat hij dat creatieve van mij heeft, maar het is juist de manier hoe hij ermee omgaat die hij van mij heeft: alles moet wijken voor een tekening.'

Lijkt hij meer op jou of op je vrouw?
'Het is een Indische jongen met een zachte natuur, geen branieschopper. Dat zachte heeft hij van mijn vrouw. Zelfs zijn pubergedrag is mild: af en toe een discussie die nergens over gaat, geen uitspattingen of experimenteergedrag. Hij doet vwo en ik heb nooit zijn huiswerk of cijfers hoeven controleren. Hij legt de lat hoog, wat ik herken, en heeft faalangst: slechte cijfers maken hém bezorgd, niet mij.'

Wat is het mooist aan vader zijn?
'De opofferingsgezindheid. Dat je jezelf overgeeft aan iemand die je nog niet kent, om vervolgens alles in honderdvoud terug te krijgen. Dat vind ik rijkdom.'

En het lastigst?
'De angst. Dat je iemand hebt om voor te zorgen en er zoveel kwade machten in de wereld zijn die dat wat je koestert kunnen wegnemen. Dat wat jij probeert zo puur te laten opgroeien beschadigd kan raken. Vanaf het moment dat je vader bent, leef je met angst. Kijkt hij wel goed uit bij dat ene kruispunt? Oh, hij is om vier uur uit, snapt hij wel dat het spits is en iedereen snel naar huis wil? En als dat eerste meisje hem niet meer leuk vindt, zal zij zijn hart dan niet te hard breken?'

MOEDER DE VROUW, DE LIEFDE

Is je vrouw veranderd sinds ze moeder is?
'Sommige moeders vind ik geweldig sexy vrouwen. Ze moeten hun moekegevoel een beetje bestrijden. Als moeders zichzelf wegcijferen, verliezen ze een gevoel van eigenwaarde, van onafhankelijkheid, van vrouw-zijn. De overgave die een vrouw vaak heeft naar haar kind is prachtig, maar tegelijkertijd is en blijft ze vrouw en verdient ze het om die aandacht te krijgen. In het begin kon mijn vrouw dat niet, want Caja sliep slecht. Inmiddels besteedt ze veel aandacht aan haar uiterlijk, sport, voeding en dingen die ze wil doen. Ze is altijd blijven werken, ook al verdien ik inmiddels genoeg. Je bent niet alleen maar moeder. Ze is een vrouw met ambities, dromen, en verwachtingen over het leven, zoals ook een man die heeft. Ik omarm dat. Dat vinden we allebei belangrijk.'

Seks, wil dat nog een beetje?
'Toen mijn vrouw net zwanger was, was er bij mij angst. Ik verbeeldde me, krankzinnig genoeg, dat ik ergens een zaadje plantte en vervolgens aan die boom ging staan schudden om te zien hoe goed dat zaadje vastzat. Was seks nu wel verstandig? Mijn zwangere vrouw vond ik mooi en aantrekkelijk, maar die mentale angst stond in het begin in de weg. Je moet geleid worden door opwinding en geilheid, niet door angst en zorg. Dan kun je het mooiste lingeriesetje aantrekken, maar dat werkt niet. Bij de bevalling was mijn vrouw ingeknipt. De hechtingen waren er nog niet uit of we waren alweer aan het 'spelen'. Reguliere seks met penetratie en wilde gymnastiek was nog niet mogelijk, maar door te spelen vonden we ons leven samen terug. Dit was nog steeds van ons.'

Heb je advies voor collega-mannen om de boel, indien ingedut, weer vlot te trekken?
'Eén van de twee moet durven praten, het gesprek erover aanzwengelen als het niet vanzelf gebeurt. Bij ons was praten niet nodig. We lagen samen op de bank, het kindje sliep en de feromonen zorgden voor opwinding. Gebeurt dat niet, dan moet er iemand praten, anders wordt het ongemakkelijk. Volgens mij zoek je na de bevalling hetzelfde evenwicht als er daarvoor was. Als het ervoor al matig was, dan wordt het daarna niet ineens spetterend. Maar mijn vrouw en ik zijn seksuele wezens. Ik sport, heb veel testosteron en zij is een exotische vrouw die lekker in haar vel zit.'

Is een kind een goed accessoire voor je aanzien als man?
'Een kind is nooit een accessoire.'

ZORGEN

Wie zorgde er het meest voor je zoon: jij, de moeder of de oppas?
'Ik. Mijn vrouw moest om half zes beginnen bij de bakkerij, want ze moest de saucijzenbroodjes afbakken. Caja ging twee dagen naar de crèche en mijn moeder paste regelmatig op. Dan zat ik te schrijven in de slaapkamer. Daar had ik een klein houten tafeltje, m'n laptop paste er net op. Als Caja bleef huilen, ging ik er toch naartoe.'

Was er een rolverdeling thuis?
'Nee, ik deed grotendeels alles alleen. Als mijn vrouw thuiskwam, wilde zij met hem zijn, en kon ik weer even mijn andere bezigheden doen. Ik gaf 's avonds kickboksles.'

Wat is jouw stijl van vaderschap?
'Daar denk ik niet over na. Ik heb een goede band met mijn zoon, met veel humor. We kunnen verschrikkelijk lachen om dezelfde dingen, om gekke mensen in de stad bijvoorbeeld. Caja voelt de grens goed aan tussen waar ik een vriend van hem ben en waar ik vader word. Dan gaat het van vriendschap naar onderhandeling naar bevel: nu is het klaar, nu ga je naar bed.'

PRAKTISCH

Favoriete vakantiebestemming met kinderen?
'Ik houd van steden. Zelfs toen Caja nog heel klein was, ben ik een keer met hem naar Brussel gegaan. De Maxi-Cosi zat vast tussen de deuren van de tram en geen Belg die hielp. De eerste zes jaar van zijn leven zijn we eigenlijk amper weggeweest: er was geen geld. Daarna gingen we naar Indonesië, het land van zijn voorouders.'

Favoriete kinderboek?
'Aan Caja las ik alles voor van Annie M.G. Schmidt. Zelf groeide ik op zonder boeken, in een streng arbeidersmilieu. Ik zocht de verbeelding zelf, was de enige in de klas met niet één maar dríe volgeschreven verhaaltjesschriften.'

Favoriete kinder-tv?
'Voor mijn zoon: *Phineas & Ferb*, *Brum* en de *Avatar*-serie. Ik keek zelf veel naar *Barbapapa*, *TiTa Tovenaar*, *Emil van de Hazelhoeve*, en Rob de Nijs in *De Rattenvanger van Hamelen*.'

Favoriete kindereten?
'Pannenkoeken.'

Voorbeeldvader?
'Heb ik niet.'

WAT IS JE ULTIEME PAPA-TIP?

'Wees de inspirerende vader die je uit je eigen leven kent, óf wees de vader die je zelf nooit hebt gehad.'

BLIJF WEG
VAN
BOEKEN
EN
INTERNET

GOUDEN TIP

BLIJF WEG VAN BOEKEN EN INTERNET

Mijn vrouw en ik zeiden het nog zo tegen elkaar: laten we ons niet te veel aantrekken van alle boeken en internetfora. Laten we vooral doen wat we zelf denken dat goed is. Zo zijn we ons leven tot nu toe prima doorgekomen en hoe moeilijk kan het nou helemaal zijn, zo'n baby.

Ga af op je eigen intuïtie. Dat was ons doel. En, beste lezer, doe dat zelf vooral ook. Als je het echt even niet meer weet, dan bel je je moeder of je zus of je oom of je vader of dat ene stel met die hippe banen en toffe kleding dat toch tussen neus en lippen door drie hoogbegaafde, uiterst sportieve en superknappe kinderen uit de schutting heeft weten te zagen. Die weten vast raad.

Wat je niet doet, is een boek over het vaderschap kopen. Of het internet afstruinen op zoek naar totaal onbekende vaders en moeders met net zulke moeilijke kinderen als die van jou. Je kent die mensen niet. En je leert ze ook niet kennen, want ze droppen hun ellende altijd anoniem. Types die zichzelf Trotsemoedervan-vier of Papa-en-Mama-van-Jolanda noemen. Types van wie je in het normale leven niks zou aannemen, zeker geen wijze raad. Dus waarom zou je ze geloven als zij zeggen dat het volstrekt normaal dat je kind zes dagen per week drie uur lang de duivel uithangt en dat je dat het best kunt bestrijden door die kleine naakt en overgoten met bakpoeder op het dak van de schuur te zetten?

En de mensen die die boeken schrijven, die zou ik ook niet vertrouwen.
Ik heb vrienden die adviesboeken-op-divers-gebied hebben geschreven en toch zo gek als een deur zijn. Ik heb er verdomme zelf een zooitje geschreven en jullie nemen ook niks van mij aan, toch? Jullie weten wel beter.

Nee, vertrouw toch maar gewoon op jezelf.
Dat doe ik ook.

Op dat ene moment van zwakte na, dus. Niet dat ik een boek kocht, maar wel een app. En ik koop nóóit apps. Deze kostte twee euro en heette Oei, Ik Groei. Ja, die van dat boek dat iedereen heeft. De mensen op het werk van mijn vrouw hadden hem allemaal en het was superleerzaam en handig, zeiden ze. Met name vanwege de 'sprongenkalender'. Dan kon je precies zien wanneer je baby in een kutbui was.

Dat leek me in een moment van zwakten ineens wel handig, dat je je daar op kon voorbereiden. De oppas hosselen op Sammie's meest beroerde dagen en dan zelf lekker uit eten gaan. Een uitstekend idee, vond ik, hoe meer ik er over nadacht.

Dus kocht ik die app. Waar geen zak van klopt. Op de dagen dat er donderwolk-jes staan aangegeven, schijnt Sammie de pan uit en op de momenten dat ze vrolijk en energiek zou moeten zijn geeft ze ons hel.

Dus nogmaals: vertrouw op jezelf. Doe het. En natuurlijk op dit boek, want dit is het beste boek over vaderschap *ever.*

WASSEN

→ Hoe DAN

ZO DAN!

Voordat je nieuwe babykleertjes gebruikt, moeten ze eerst gewassen worden. Je bent een man van de wereld, je bent stoer, een beest, je hebt drie tatoeages en een baard of snor, dus ja, ook jij doet gewoon de was. Desalniettemin wat tips.

- [ ] Koop een Samsung Addwash. Die ziet er dik uit en heeft als uitermate relaxte extra dat je verdwaalde sokken en pampers later – dus tijdens het wassen – kunt toevoegen.
- [ ] Zorg voor hypoallergene wasmiddelen. Google maar. Die shit is belangrijk.
- [ ] Kies bovendien voor een wasmiddel met een neutrale pH-waarde en eentje die dermatologisch getest is.
- [ ] Gebruik niet te veel wasmiddel, want daardoor kunnen er restjes achterblijven in de kleertjes.
- [ ] Scheid de kleuren. Wit bij wit, bont bij bont, you'll get the point.
- [ ] Poep vlekt hardnekkig. Babykleertjes kun je het beste wassen op 60 graden.
- [ ] Gebruik niet te veel wasmiddel.
- [ ] Beter koop je niks van wol. Dat kriebelt. Doe je dat wel: was het op het speciale wolprogramma.
- [ ] Om de wasmachine weer schoon te krijgen, kun je af en toe een lege wasmachine laten draaien op 90 graden.

BABYBJÖRN

DE DRAAGZAK DIE JE WÉL WILT!

We moeten het over De Draagzak hebben. Niet heel lang, maak je niet druk, maar het moet wel, want zoals je zult gaan merken, als aanstaande vader: die dingen zijn handig. Tegelijkertijd zijn ze vaak lelijk, ingewikkeld om aan te trekken en ze komen in de meest belachelijke kleuren die voornamelijk bedoeld lijken voor fans van K3 of een ander kinderbandje. Met alle respect voor K3 en andere kinderbandjes, natuurlijk.
Evenzogoed zijn ze dus handig.
Ja, ook voor jou, vader van twee met een derde op komst, vader die nooit ofte nimmer met 'zo'n stom meisjesding' zou gaan lopen.
En ja, ook voor de vader die zijn kroost liever de hele dag op de arm draagt, want dat is meteen zo'n lekkere work-out.
Onzin.
Koop een draagzak. Want relaxed voor de baby, relaxed voor jou en bovendien: het kan maar heel even. Voor je het weet loopt die kleine meid de deur uit om terug te komen met een leuke, werkloze jongen die ze online heeft ontmoet.
Koop dus een draagzak.
Doe jezelf direct een andere lol en laat de aanschaf van de zak in kwestie niet over aan je vrouw of vriendin of maîtresse. Koop 'm zelf.
En als we je een tip mogen geven: haal de speciaal voor mannen gemaakte versie van BabyBjörn.
Zo eentje als ik op de pagina hiernaast aanheb. Kijk eens rustig naar die foto en zie de belachelijke hoeveelheid stijlvolheid. Dat kan dus, met een draagzak. En hoewel mijn dochter wat angstig kijkt – ze houdt niet heel erg van op de foto – zie je mij behoorlijk lachen. Niet omdat de fotograaf zo grappig was of ik extreem happig ben om breed lachend op de foto te gaan, maar omdat die draagzak zo relaxed zit.
Ik zweer het je.
En hij gaat makkelijk aan, met handige klikjes, waardoor zelfs de grootse onhandigerd – in casu: ik – het ding aan kan trekken.
Voor wie nog niet overtuigd is, zijn de volgende zaken tot slot ook handig om te weten:

1

Mannen met draagzakken doen het heel goed bij aantrekkelijke vrouwen van een jonge leeftijd.

2

Draagzakken zijn uitermate relaxed tijdens vliegreizen en stedentrips - want geen gedoe met een kinderwagen.

3

Zodra de baby uit de zak is, frommel je hem makkelijk in een tas of hang je hem aan de kapstok – ook hier: probeer dat maar eens met een kinderwagen.

DAD SPUL

VOLGENS THOMAS ALERBLAD
PRODUCT MANAGER VAN BABYBJÖRN

TIP: BRENG MEER TIJD DOOR MET JE KINDEREN. OP HET EIND DOEN FASHION EN AUTO'S ER NIET MEER TOE

DELEN: NIET VECHTEN

AANMOEDIGEN: ZELFSTANDIG TE ONDERNEMEN

FASHION:
- DR MARTENS
- CHELSEA BOOTS
- SKINNY JEANS
- BUTTON DOWN SHIRT

WANNEER IK AAN HET WERK BEN, BEN IK AAN HET WERK. WANNEER IK VRIJ BEN, BEN IK VADER

VAKANTIETIPS:
- ROADTRIP MET DE CADILLAC DOOR AMERIKA
- COUCHSURFING IN JAPAN
- LAZY DAYS IN THAILAND

1. KINDERSTOEL **2.** CAMPINGBED **3.** VOEDINGSSET
4. DRINKBEKERS **5.** DRAAGZAK **6.** WIPPERTJE

BABY GEIT

GOUDEN TIP

VERGELIJK JE KIND EENS MET EEN DWERGGEIT

Evolutietechnisch gezien vind ik dat er verdomd veel is misgegaan bij De Mens. We hebben dan wel de mond vol van goh, poehpoeh, nou nou, wat kunnen we toch veel met z'n allen en wat hebben we verschrikkelijk veel bereikt, zeker op het gebied van de gezondheidszorg en een paar van ons hebben dingen bedacht als de iPhone, het toilet, de vaatwasser en Snickers, maar uiteindelijk blijven we flink achter.

Zeker als je onze soort vergelijkt met bijvoorbeeld de giraf of de olifant, de adelaar of de dwerggeit.

Ik moest aan deze dieren denken toen mijn dochter een tijdje terug de elf maanden toucheerde. Ik dacht: waarom staat ze nog niet? En: waarom praat ze nog niet? Ook: waarom kan ze nu, nu ze bijna een jaar is, nog steeds niet bijdragen aan het gezinsinkomen door middel van een baantje. Niet dat ze direct een veertigurige werkweek bij een advocatenkantoor hoeft op te pakken, maar een middellang krantenwijkje zou toch moeten lukken.

Niks van dat alles. Ze kan nog niets. Nou ja, ze klapt in haar handen, ze kruipt, ze eet min of meer vast voedsel, ze zwaait als ze naar bed gaat en ze schommelt heen en weer als er muziek op staat – met name techno is haar ding, maar '5 uur' van Ramses Shaffy doet het ook prima, net als nummers met een trompet erin.

Leuk natuurlijk, maar het blijft toch vooral hangen in de sectie: 'grappig', 'leuk' en 'schattig'.
Nee, dan de berggeit. Met name de West-Afrikaanse.

Al een halfuur na de bevalling, zo kwam ik te weten na duchtig onderzoek, begint de babygeit met pogingen tot staan, hetgeen meestal binnen een uur succesvol wordt afgerond. Dat is in veel gevallen nog vóórdat de nageboorte de moedergeit heeft verlaten, las ik. En alsof dat niet al bijzonder genoeg is, is de babygeit al na zeven maanden geslachtsrijp. Hatsa, nu jij weer.

Nee, natuurlijk, ik moet er niet aan denken dat de mensenbaby na een half jaar zelf begint met kinderen baren, maar het verschil mag je op zijn minst opmerkelijk enorm noemen.

Ik vind dat wij, de mensheid, daar af en toe wel een beetje bij stil mogen staan als we met trots een filmpje van onze kruipende, 'dansende', klappende baby's op Facebook gooien. Het is leuk, zeker, en schattig, dat ook, maar doe het niet te veel, want het is natuurlijk helemaal niks vergeleken bij de capaciteiten van een West-Afrikaanse dwerggeit.

WIE? Selwyn Senatori
WAT? Kunstenaar

VOORAF

Hoelang ben je al vader?
'Ik ben vader van twee kinderen, Suna is elf en Rocco is zeven.'

Allemaal bij dezelfde vrouw?
'Bij dezelfde moeder, maar ik ben inmiddels al zo'n vier jaar van haar gescheiden… Mijn huidige vriendin is nu zwanger, trouwens.'

VADER WORDEN

Was je een beetje een held bij de bevalling of stond je sigaren te roken op de gang?
'Het was thuis in onze slaapkamer en ik heb alles gezien. Al met al ging het razend vlot, want binnen tweeënhalf uur was het gepiept. Ik dacht wel: O mijn god, we moeten nog een keer seks hebben. Ik weet nog dat de verloskundige de camera pakte en zei: "dit wil je echt nog wel een keer zien." Nou, dat dacht ik toch niet.'

Wat was het eerste wat je dacht toen je je baby in je armen had?
'Het was een ontzettend mooie ervaring, alle stoere praat daargelaten. De eerste keer is echt een life changer en alle clichés zijn gewoon waar. Ik dacht aan mijn sterfelijkheid, aan de sterfelijkheid van dat kind – eigenlijk heeft zo'n geboorte veel met de dood te maken. Maar om het niet te zwartgallig te maken: ik werd op dat moment wakker.'

Is je leven beter of slechter nu je vader bent?
'Beter zeker. Gezonder? Misschien een klein beetje, maar dat heeft ook wel een hele tijd geduurd. Dat je wakker wordt geschud betekent niet meteen dat je ernaar gaat leven. Je gaat een onderzoekstraject in, en dat is best wel interessant.'

Zag je er nog een beetje normaal uit of loop je rond als levend kotsdoekje?
'Als een kotsdoekje, maar als kunstenaar ben je wel gewend aan wat vieze kleren.'

Heb je nog wel tijd voor jezelf, met je vrienden naar de kroeg, sport, werk?
'Altijd, mijn ex-vrouw heeft mij daarin heel erg vrij gelaten. Maar ik was geen vader die zijn kinderen nooit zag. Omdat ik zelf kan invullen wanneer ik werk, kon ik mij aardig aanpassen aan het tijdschema van de kinderen. Ik was er dus voor hapjestijd, voor de nachtelijke ontwaking, ik kon die eerstgeborene zelfs gemakkelijk meenemen in de kinderwagen naar mijn atelier.'

DE KINDEREN

Wiens idee was het om kinderen te nemen?
'Kinderen krijgen valt uiteindelijk niet te plannen. Toen ik hoorde dat we zwanger waren van ons eerste kind voelde ik euforisch geluk, maar het echte geluk voel je pas als je je kind voor het eerst in je armen hebt. Dan komt alles in één keer, als een soort van big bang, een explosie van alle emoties. Er is gehuil, er is angst, er is levensvreugde, dramatiek, echt alles, het is fantastisch.'

Houd je van je kinderen? Houd je überhaupt van kinderen?
'Ik ben niet zo gek op andermans kinderen maar ik hou uiteraard ontzettend veel van mijn eigen twee.'

Vind je je kinderen aardig?
'Ja, ontzettend aardig. Maar misschien verandert dat wel wanneer ze wat ouder worden.'

Wat vinden ze van jou?
'Ze vinden mij geweldig, en hun moeder ook. En hun nieuwe moeder trouwens ook!'

Lijken ze op jou, op je vrouw of op de melkboer?
'Mijn zoontje en ik zijn identiek qua uiterlijk en qua innerlijk ook wel aardig. Dat vind ik fantastisch, het streelt mijn ego. Mijn dochtertje is echt een mix van beiden, maar ik heb sterk het

idee dat ze allebei erg op mij lijken. Ik hoop alleen dat ze geen kunstenaar worden.'

Zie je nog verschil tussen je kinderen? Is het moeilijk om geen favoriet te hebben?
'Ik heb geen favoriet, ik denk dat het heel snel wisselt. De ene keer ben ik wat meer met mijn zoontje en de andere keer wat meer met mijn dochtertje, maar dat gaat nooit bewust, alles gaat op gevoel.'

Dochters of zonen?
'Rocco en ik delen dezelfde interesses en hij is echt een open boek. Suna is wat meer gesloten geworden na de scheiding, die kijkt de kat uit de boom. Ze wordt ook snel volwassener en dat is toch scary; ze heeft al een sterke eigen mening en volgt haar eigen pad. Die fietst al met haar vriendinnen naar school toe en dan denk je: Shit, dat gaat snel. Volgens mij groeien die meiden hier in Amsterdam veel sneller op dan in de provincie.'

ZORGEN

Wie zorgt thuis het meest voor de kinderen?
'Ik heb alles met ze gedaan hoor, continu! Ik liep altijd met die kleine door de stad, ik maakte flesjes, gaf ze midden in de nacht te eten, verschoonde de luiers, ik deed heel veel. We hebben zelden oppas nodig gehad, alleen mijn moeder kwam af en toe een nachtje op ze letten en dat doet ze nog steeds, een keer per week.'

Is er een soort rolverdeling, dingen die jij voor je rekening neemt en dingen die je liever aan haar overlaat?
'Ik deed en doe nog steeds alles, ik vind het fantastisch, heb nergens moeite mee gehad. Kak van je eigen kind is niet goor, van een ander is het echt het ranzigste wat er is en dat hoef ik niet te zien of te ruiken, maar van je eigen kind maakt het niet uit... Zelfs al spuit het langs de rug omhoog.'

Wat is jouw stijl van vaderschap? Streng, watje, intensief of meer op afstand?
'Ik probeer heel direct te zijn, zoals ik tegen iedereen ben, maar na de scheiding ben ik wel meer gestructureerd geworden. Het loopt zelden uit de hand omdat ik het altijd goed in de gaten hou van een afstandje. Dus als er iets misgaat, ben ik er snel bij. Dan brul ik eventjes en spreek ik ze streng toe en dan is het weer voorbij.'

MOEDER DE VROUW, DE LIEFDE

Is je vrouw veranderd sinds ze moeder is?
'Dat zou ik eigenlijk niet meer weten, ik heb geen idee. Maar het leven van mijn vriendin is in een sneltreinvaart veranderd. Ze is afgestudeerd aan de VU, waar ze Criminologie en Strafrecht studeerde, maar voor twee kinderen opvoeden draait zij haar hand ook niet om. En de kinderen zijn gek op haar. Gouden tip: stel je nieuwe vriendin eerst voor als oppasser. Na een paar keer zei mijn dochtertje: "Zo, dat is een leuke oppas, waarom ga je niet eens koffie met haar drinken."'

Seks, wil dat nog een beetje?
'Zo. Het is echt niet mijn ego of mijn Italiaanse kant, maar wij hebben gewoon bijna elke dag seks en dat komt allemaal voort uit pure lust.'

Heb je advies voor collega-mannen om de boel, indien ingedut, weer vlot te trekken?
'Het is lastig om advies te geven hierover, want iedereen is anders, maar je moet gewoon eerlijk tegen elkaar blijven en erover praten. Als je geen seks meer wilt met je eigen vrouw dan is het afgelopen, en andersom overigens ook.'

Hoe beviel het daten met een kind?
'Irene wist dat ik kinderen had en ze kwam in het begin alleen langs als ze al sliepen. Als er eentje wakker werd om naar de wc te gaan

'KAK VAN EEN ANDER KIND IS ECHT HET RANZIGSTE WAT ER IS EN DAT HOEF IK NIET TE ZIEN OF TE RUIKEN, MAAR VAN JE EIGEN KIND MAAKT HET NIET UIT!'

'Het is echt niet mijn ego of mijn Italiaanse kant, maar wij hebben gewoon bijna elke dag seks.'

dan verstopte ik haar in een kast. Ze mocht niet blijven slapen en ging op tijd weer naar huis. De kinderen bleven centraal staan.'

Is een kind een goed accessoire voor je aanzien als man?
'Als je door het Vondelpark loopt met je kind en naast jou loopt een man met een hond, dan kijken ze eerder naar jou en het kind.'

Favoriete vakantiebestemming met kinderen?
'Met kinderen op vakantie is gewoon kut, want jij gaat niet op vakantie, zij gaan op vakantie. Je kan niet zuipen, je kan helemaal niets. Vakantie is ruk. Tenzij je op wintersport gaat, dan dump je ze de hele dag in zo'n klas en haal je ze 's avonds weer op. Maar wij gaan vooral naar de Italiaanse kust, een week lang zo'n hotel met bedjes op het strand.'

Favoriete kinderboek?
'Bij Rocco las ik altijd voor uit een boek over Spiderman, maar voor mijn dochter kom je toch al gauw uit bij Ronald Dahl. Sprookjes doen het trouwens ook altijd goed.'

Favoriete kinder-tv?
'Wij hebben in de woonkamer geen televisie en op een iPad of een telefoon zitten ze ook niet; dat doen ze maar bij opa en oma. Ik ben ouderwets en hou gewoon van speelgoed, skateboarden, soldaatjes. Weinig van die digitale shit. Suna leest heel erg graag.'

Favoriete kindereten?
'Ze zijn gek op sushi. Fucking verwend, ik weet het.'

Wanneer mag een kind mee uit eten?
'Ik neem ze al sinds jonge leeftijd overal mee naartoe, ook naar exposities. Maar niet onverantwoordelijk laat, hoor, ik houd mij aan de regeltjes.'

Wie is jouw voorbeeldvader en waarom?
'Mijn grootvader denk ik, je moet er als ouder gewoon veel zijn voor je kinderen.'

WAT IS JE ULTIEME PAPA-TIP?

'Je moet de tijd nemen voor je kinderen, hoe moeilijk dat ook is. Als je ervoor kiest om een carrière te bouwen, zo'n negen-tot-vijfbaan waardoor je 's ochtends je kinderen niet ziet en ze 's avonds alleen een kusje geeft voor het slapen gaan, dan moet je geen kinderen nemen. Daar ben ik heilig van overtuigd. Zorg dat je de broodjes voor ze smeert en ze naar school brengt, zorg dat alles thuis vertrouwd en veilig aanvoelt, zodat ze een basis hebben waar ze op terug kunnen vallen als het buiten even te eng wordt.'

FRED! WONDE

SLAAPGEBREK poepvlek

BIG ONLINE DE

BADSLIPPERS MAXIMAA

SEKS JOGGIN

ONTVRIEN

CURLING OPPA

GOUDEN TIP

13 MANIEREN OM RESPECT TE BEHOUDEN – ONDANKS JE BABY

1. Noem je kind geen Vlinder, India, Glorix, Wolk of Fred. Of Marcel.
2. Bestempel je kind nooit als ‘Ons Wondertje’. Ondanks dat ze dat is, natuurlijk, met haar perfecte smoeltje en haar naar roosjes ruikende poepluiers.
3. Zeur nooit over slaapgebrek. Jullie wilden kinderen, wel, vader, nu heb je ze.
4. Trek nieuwe kleren aan als er spuug-, urine-, melk- of poepvlekken in zitten. Desnoods zeven keer per dag.
5. Een joggingbroek geldt niet als een kledingstuk.
6. Badslippers ook niet.
7. Vertel niet continu hoe goed Vlinder is, qua kruipen/rollen/staan/liggen/fietsen/bowlen/eten/poepen/lachen/praten. Zodra ze een jaar of vier zijn, kunnen ze dat allemaal. Big deal.
8. De meeste pasgeboren baby’s zien eruit als Brad Pitt aan het begin van *The Curious Case Of Benjamin Button* – google maar. Een wondertje, zeker, maar houd het even in gedachten als je je album met postbevallingsfoto’s online zet.
9. Post maximaal één babyfoto per halfjaar. Stuur de rest naar mensen die daadwerkelijk geïnteresseerd zijn, zoals je moeder, je vader en je geliefde.
10. Maak naast je werk en je baby tijd voor een hobby. We horen goede dingen over curling.
11. Doe aan seks. Bij voorkeur met de moeder van je baby. Als dat echt even niet gaat, vanwege diverse redenen: we horen goede dingen over curling.
12. Sjef een oppas en ga eens op bezoek bij vrienden. Liefst zonder kinderen. Of nodig ze uit. Of ga naar een café. Er is meer op de wereld dan de baby en Netflix – tenzij je *Happy Valley* nog niet hebt gezien, dan moet je dat eerst kijken. En *Please Like Me* ook, trouwens. En *Stranger Things*.
13. Ontvriend alle mensen die dit soort lijstjes maken voor handzame opvoedboeken.

VIJF GOUDEN TIPS VOOR EEN OER OPVOEDING!

1 BLIJF JEZELF

Het zal wel komen doordat ze ons kind negen maanden in hun lichaam hebben gedragen, maar vrouwen hebben de neiging het welbevinden van hun kroost vanaf dag één als hun enige en alomvattende levensdoel te gaan beschouwen. Verdeelde ze voorheen haar aandacht tussen werk, vriendinnen, familie en jou, jou, jou, nu gaat alle tijd en energie die niet noodzakelijk is om in leven te blijven en in het onderhoud te voorzien al-le-maal naar het nieuwe gezinslid: de baby.

Dat is, zul je merken, aanvankelijk best leuk en begrijpelijk. Zo'n baby is lief en zacht en hulpeloos, vertedert de moeder, en is natuurlijk ook gewoon een lollig nieuwtje. Maar waar jij na enige tijd wel weer eens een potje oefenseks met de jonge moeder zou willen plegen, een eindje met je maten op de motorfiets zou willen roadtrippen, gewoon waanzinnig dronken zou willen worden en dolblij bent dat je het luierparadijs even kunt ontvluchten om lekker naar je werk te gaan, zul je zien dat je vrouw niet van zins is binnen afzienbare tijd uit haar symbiotische baby-bubble te komen.

We vinden het niet leuk om de boodschapper van slecht nieuws te zijn, maar vrouwen (jaja, we generaliseren) versmelten als het ware met hun kind en worden moederdier. De vrouw die jij kent en liefhebt, bestaat niet meer als zodanig en is vervangen door een wezen dat in haar moederhart enkel nog de tweede plek en lager overheeft. Een wezen dat alles doet voor haar kind, desnoods ten koste van zichzelf, het kind en – vooral – van jou. Een wezen dat – bijvoorbeeld – jullie kind drie tot zes jaar op jullie slaapkamer laat bivakkeren, of erger, in jullie bed, en dat zo dus zorgt dat je geen seks en geen slaap krijgt, want anders is het zo zielig – hoor je dat hartverscheurende huilen dan niet?

Bij ons mannen werkt het anders. Wij veranderen niet als er een kindje komt, we krijgen er iets bij! Ik weet nog goed hoe het voelde toen ik mijn oudste

MANNELIJKE

zoon voor het eerst in mijn armen hield: het was of er zich in mijn ziel een heel nieuw reservoir aan liefde opende, helemaal alleen voor deze baby. Ik weet ook nog dat ik dacht: 'wat handig, wat slim, dat je zomaar extra liefde krijgt om van je kind te kunnen houden'. Wij zijn als een huis waar een extra kamer tegenaan wordt getimmerd. Er verandert niets, er komt iets bij. Jij bent nog precies dezelfde vrijbuiter, vrouwenfluisteraar, baarsvisser, kroegtijger, workaholic en lieve begrijpende partner die je altijd was, maar nu ben je bovendien vader. Een taak erbij, een nieuw aspect van je persoonlijkheid rijker.

Je vrouw, die niet snapt waarom je grotendeels onveranderd door het leven stapt en niet met haar mee-morft naar een oetsjie-koetsjie-weekdier, zal zachte maar onmiskenbare druk op je uitoefenen om je nieuwe rol als vader te aanvaarden als een roeping die alle andere bezigheden in je leven minderwaardig en overbodig maakt. Ze zal zich luidop afvragen, met beschuldigende stem, hoe het toch mogelijk is dat iemand een uitstapje met vieze harige mannen naar een mottig dranklokaal kan verkiezen boven een heerlijk avondje thuis met je neus in de kakelvers volgekakte luiers van je kleine prinses of prins. Ze zal je rechtmatige verzoek om seks wegzuchten als zinloos vasthouden aan het verleden, toen er immers nog geen baby was gemaakt en er dus nog reden was voor al die natte, glibberige drukte.

Het is aan jou om je hakken in het zand te zetten en geen duimbreed aan deze waanzin toe te geven. Wil jij goed functioneren als vader, moet je goed functioneren als jezelf. En jij bent een man, geen uit de kluiten gewassen couveuse. Een van de voordelen van man zijn is dat we kunnen compartimentaliseren. Ja, dat is een moeilijk woord. Maar het betekent dat we ons maar op één ding tegelijk kunnen concentreren, en de rest compleet vergeten. Vrouwen vinden dat zielig voor ons, want die kunnen namelijk volgens henzelf 'multitasken'. Zij bedoelen hiermee: verschillende taken tegelijk verrichten. Wij weten dat het eigenlijk betekent: heel veel dingen tegelijk in de soep laten lopen en vervolgens boos worden, roepen dat het niet eerlijk is, zorg en werk niet zijn te combineren, en ons mannen hiervan de schuld geven.

HET IS AAN JOU OM JE HAKKEN IN HET ZAND TE ZETTEN EN GEEN DUIMBREED AAN DEZE WAANZIN TOE TE GEVEN. WIL JIJ GOED FUNCTIONEREN ALS VADER, MOET JE GOED FUNCTIONEREN ALS JEZELF.

Aangezien wij nog steeds de baas van de wereld zijn en het dus bijna altijd bij het rechte eind hebben, is het handig je vaderschap op de vertrouwde, mannelijke manier aan te vliegen. Er is een tijd voor werk, er is een tijd voor jezelf, er is een tijd voor je vrouw(en) en er is een tijd voor je kind. Beetje eerlijk verdelen – je hoeft nou ook weer geen egocentrische hufter te zijn – en alles komt in orde. Leg dit ook uit aan je vrouw: 'Liefste, ik ben geen vrouw en bij mij werkt het anders. Ik heb geen tijd en geen zin om de hele dag aan dat kind te denken. Dat betekent niet dat ik minder van hem houd of niet voor hem wil zorgen, dat betekent gewoon dat ik hem zie als slecht één onderdeel van mijn rijke mannenleven, en verder niets.' Verwacht er geen wonderen van, want vrouwen willen nu eenmaal altijd hun zin doordrijven. Maar ze houden ook van dominante mannen, dus misschien kom je ermee weg.

Bedenk wel dat je gegarandeerd ongelukkig wordt als je probeert jezelf om te toveren tot een surrogaatmoeder die de hele dag boven haar spreadsheet zit te snikken omdat de arme Boris er zielig uitzag – met zijn handjes tegen het raam – toen je vanmorgen wegreed bij de crèche. Of dagenlang met papier-maché in de weer is om de andere vaders de loef af te steken met een buitenformaat paasei. En daar komt nog bij: ze zal liever sterven dan het toegeven, maar je vrouw krijgt hem echt niet omhoog van een kwezelvader met jumpsuit in de echtelijke sponde. En je wilt niet de geschiedenis ingaan als de zoveelste goedzak die na twee jaar ontdekt dat moeder haar mannenpap bij de salsa-klas haalt (smoes: 'Ik wilde weten of ik nog aantrekkelijk was').

2 RUSTIG AAN!

Ook op dagelijks niveau is het uitkijken dat je je niet in de moeder-val laat lokken. Vrouwen vinden namelijk dat ieder moment van een kinderleven zinvol moet worden ingevuld. En aangezien kinderen dat volgens hun moeder zelf niet kunnen, en vrouwen hoogst specifieke opvattingen hebben over het begrip zinvol, zien ze het als hun heilige taak de dag van junior vol te prakken met activiteiten.

En dus worden die arme kinderen de hele dag rond gesleept van ballenbak naar pianoles, van ballet naar logopedie, van orthodontist naar paddenstoelenspeurtocht, van openluchtmuseum naar macrobiotisch jeugdtheater, van dyslexie-bijles naar reddend zwemmen, en van Urban Outfitters naar hoogbegaafdheidstraining en babymindfulness. En dat is dan alleen nog maar tot aan de lunch. Geen wonder dat moeder en kind aan het eind van de dag – de to-do-list nog maar half afgewerkt – compleet zijn doorgedraaid, én uitgeput, kind huilend, moeder prikkelbaar en beiden uiterst vijandig jegens elkaar, zichzelf en natuurlijk jou, ons, de man des huizes, die het allemaal helemaal niet kan helpen. En het trouwens héél anders aanpakt. Veel beter, als je het ons vraagt.

Mannen, immers zelf ook van nature lui en op hun rust en ruimte gesteld, organiseren slechts het hoognodige. Zoals eten en drinken, warme kleding als het koud is of juist een zwembroek als de mussen dood van het dak vallen, alsmede bescherming tegen potloodventers, kinderlokkers en voorbijrazend verkeer. Verder laten wij het verloop van de dag graag over aan de fantasie van het kind zelf, hierbij mogelijk bijgestaan door een ander kind, het zogeheten vriendje of vriendinnetje.

Mannen passen de kinderverzorging als het ware in, in hun dagelijks leven. Dat dagelijkse leven is immers al druk genoeg, zó druk dat het vrijwel onmogelijk is er speciale kinderactiviteiten in te proppen. Dat wil niet zeggen dat er nooit met het kind kan worden gespeeld, dat kan best, maar hooguit een halfuurtje, niet ver van huis, en liefst in combinatie met een andere nuttige activiteit die toch moet gebeuren. Kinderen vinden het bij voorbeeld briljant om te klussen. Afdeklatten met een nietpistool vastspijkeren, kan bijvoorbeeld vanaf zes jaar, met enig toezicht. Een fietsband plakken? Een plethora van kleine klusjes als fietspomp, bandenliggers of lijm aangeven, of band onderwater houden. Opruimen? Maak er een rommelmarathon met prullenbakbasketbal van! Koken? Een dagelijks hoogtepunt voor de ondernemende gastro-peuter. Beetje oppassen met messen en vuur. Plus: nooit gezeur met lust ik niet, want zelf gemaakt, is altijd lekker.

De mannelijke aanpak kenmerkt zich door het naadloos integreren van het kind in de dagtaak, en dat betekent ook: zoet slapen als vader werkt. Of als het kind daarvoor te groot is: boven spelen, en niet te veel lawaai maken. Want de huiskamer is tevens papa's kantoor. Jammer dat je Xbox ook beneden staat. Door deze duidelijke regels leert het kind ook omgaan met tegenslag en teleurstelling, en dat kan niet vroeg genoeg in hun systeem worden gestampt. Tevens is van meet af aan duidelijk dat papa de baas in huis is, altijd gelijk heeft, en overleg of onderhandeling zinloos zijn. Tenzij het kind tot ieders verrassing iets bedenkt waar vader op dat moment toevallig ook zin in heeft, zoals een potje voetballen in de tuin. Want mannen staan altijd open voor suggesties, dit ook in tegenstelling tot vrouwen, die nooit een duimbreed willen afwijken van hun plan en nog nooit van improvisatie hebben gehoord.

Belangrijkste voordeel van deze mannenmethode: het kind is snel tevreden, want weet niet beter dan: als papa het zegt, is het leuk! Ken je de uitdrukking: een kinderhand is gauw gevuld? Die is dus door een man bedacht. En het mooiste: áls je dan een keer uit je bol gaat en je kind meeneemt naar Ajax, de Efteling, McDonald's, *Frozen*, karten, lasergamen, Barbiemania of een willekeurig speelparadijs met gecapitonneerde klimtoestellen, kun je meteen weer een jaar niet stuk en hebben de kinderen het er nog eeuwen over. De dingen zijn vaak zo simpel.

Als je vrouw je dus vraagt waarom je nooit iets met de kinderen doet, zeg dan dat je je niet in die hype van activiteitenverdwazing laat duwen, dat je niet wilt dat jullie kind een bleekneuzig slachtoffer van de informatie-overkill wordt, en verder wat hierboven staat. Ze zal er niet van terug hebben, omdat ze niet had verwacht dat achter jouw doe-maar-wat-en-verwaarloos-je-arme-kind-façade een prima doortimmerd opvoedplan schuilgaat!

MANNEN LATEN HET VERLOOP VAN DE DAG GRAAG OVER AAN DE FANTASIE VAN HET KIND ZELF, HIERBIJ MOGELIJK BIJGESTAAN DOOR EEN ANDER KIND, HET ZOGEHETEN VRIENDJE OF VRIENDINNETJE.

3 WEES EEN GELOOFWAARDIGE BOEMAN!

KINDEREN OP HUN PLAATS ZETTEN, LUKT NIET MET KUSJES EN KNUFFELS EN EINDELOZE ONDERHANDELINGEN. DAT LUKT ALLEEN MET STEMVERHEFFING EN DE DREIGING VAN GEWELD.

Aangezien moeders altijd lief willen worden gevonden, valt vaders automatisch de rol van Boeman toe. Er moet nou eenmaal iemand zijn die het hardhandige deel van de opvoeding voor zijn rekening neemt. Immers: kinderen zijn niet redelijk, snappen niet wat goed voor ze is, en als je ze te veel opties geeft, nemen ze dus meestal de verkeerde beslissing. Wijs je ze daarop, hebben ze een grote muil, luisteren niet, en moeten op hun plaats worden gezet. En dat lukt niet met kusjes en knuffels en eindeloze onderhandelingen, dat lukt alleen met stemverheffing en de dreiging van geweld.

Laat dat nou net de specialiteit van mannen zijn. Die donkere stem hebben we – uitgezonderd een enkele testosteronluwe alt-sopraan – al van nature in huis, net als de forse gestalte en imposante spierbundels die het aannemelijk maken dat we een kind zonder noemenswaardige inspanning de lever zouden kunnen uitrukken. Let op! Het is dus niet de bedoeling dat je je kind daadwerkelijk letsel toebrengt, het is de bedoeling dat het kind op een bijzonder primitief-menselijk niveau begrijpt dat het te ver is gegaan en hiermede een wezen heeft boos gemaakt dat ze beter te vriend kunnen houden. Een beetje zoals kleine hondjes vaak in blinde overgave op hun rug gaan liggen als er een hondsdolle Dobermann grommend komt aankwijlen.

Het is een toneelstuk: je daalt af tot het niveau van het kind en geeft het een signaal dat het begrijpt: ‘Papa schreeuwt heel hard, Papa is dus erg boos, dat is slecht nieuws, want als we niet uitkijken slaat hij ons de kop van de romp. Laten we dus maar vlug onze tanden poetsen en zonder eten naar bed gaan!’. Het is niet leuk, ook niet voor de kinderen, maar het moet soms, want, zoals gezegd, kinderen beheersen de eerste tien jaar van hun leven niet de gave van de redelijkheid of de vaardigheid van genuanceerd communiceren. Bovendien zoeken ze altijd de grens op, dat is hun aard, en onze taak die aan te geven.

Het is dus niet moeilijk: je doet alsof je boos bent (niet écht, stel je niet aan, het is een kind!) en brult iets in de sfeer van ‘als ik naar boven moet komen, zwaait er wat’, doet drie stappen de trap op, wacht tot je de kinderen als een gek hun bed in hoort klimmen, gaat dan naar boven en vraagt op duistere toon of ze het nooit meer zullen doen... succes gegarandeerd en na een kwartiertje kan mama naar boven om de traantjes te drogen en te zeggen dat papa niet meer boos is en het niet zo kwaad meende. Want daar zijn vrouwen dan weer goed in.

4 ONTHOUD: HET KOMT WEL GOED

Hoewel de meesten van jullie vermoedelijk nog in de luiers zitten of net de eerste naar groep 1 hebben uitgezwaaid, is het misschien leuk om vast een keertje een kijkje te nemen in de toekomst. De toekomst, jazeker, waarin je kinderen gaan puberen en zelfs volwassen worden, het huis uitgaan en de liefde gaan bedrijven met mensen van het andere, of misschien wel hetzelfde geslacht, als ze al niet verkering nemen met een transgender of DNA-technisch onbestemde wederhelft, want er zijn vele, vele smaken tegenwoordig.

Nu wil het toeval dat jullie ik, Jan Heemskerk, medewerker aan dit boek en schrijver van dit stuk, twee volwassen zoons heb, en ook nog eentje in de puberleeftijd. Meisjes zitten er helaas niet tussen, maar in grote lijnen verschilt dat ook weer niet zo veel, en die grote lijnen, daar gaan we het vandaag over hebben.

Zo vinden jullie het vast leuk om te weten: alles wat ze zeggen over de puberteit is waar. Bijvoorbeeld: je kinderen worden extreem lui. Met name jongens kunnen de hele dag in bed, in bad of op de bank liggen slapen of kijken naar zo'n zwakzinnige vlogger die met zijn achterlijke vriendjes onder voortdurend onsamenhangend gekakel een eindeloos lang potje *FIFA 2017 speelt*. Als ze – die pubers - tenminste niet zelf met een lege blik in de ogen en diep onderuit gezakt een leger online zombies om zeep te helpen met een wapenarsenaal waar onze Minister van Defensie een lief ding voor zou overhebben. Om gek van te worden.

Puberkinderen zijn vaak heel erg rebels, dat klopt ook, met name meisjes, die onder invloed van de gierende hormonen in opstand komen tegen alles wat het goed met hen voorheeft, en dan met name de ouders, en zeker de moeder, die eerst haar grote voorbeeld was, maar nu alles wat de tienerdochter verafschuwt in een vrouw. En dat dan alleen omdat ze niet naar een hardcore triple X-feest mocht. Met gratis GHB. In hotpants en een tanktopje. Op haar dertiende. Een hel.

Persoonlijk koester ik de 'warmste' herinneringen aan het moment dat zoon 1, twee maanden voor zijn eindexamen HAVO, plotseling besloot dat leren en doorzetten geen zin meer had, want 'het zou toch niet meer lukken' en hij dacht er toch over een leven als rondreizend avonturier te gaan beginnen. Wat we ook riepen of beloofden, hij viel niet te vermurwen, en zo werd hij diploma-loos schoolverlater. Het is alleen aan zijn lieve ouders te danken dat hij alsnog een MBO-onzin-opleiding heeft voltooid, met het geluk van de duivel een baantje bij een kwaliteitswebsite heeft bemachtigd en – uiteindelijk op eigen kracht – serieus emplooi heeft gevonden als communicatie-hoofd bij een Internetbank. En dan hebben we het nog niet over zijn liefdesleven en recreatieve bezigheden. Een nachtmerrie.

Zoon twee verging het niet veel beter: getest op gymnasiumniveau presteerde hij het binnen een paar jaar weg te zakken naar de HAVO, daar te doubleren, alvorens uiteindelijk toch zijn diploma te halen. Zodat hij – nu hij eenmaal weet dat hij tóch een Master in de ingewikkelde internationale economie wil gaan halen – nog jarenlang (en dus drie jaar langer dan nodig) loodzwaar drukt op de vaderlijke begroting. Vreselijk.

Zoon drie gaat momenteel goed, maar we houden het hart vast en de adem in. (UPDATE: zoon drie is gaan puberen en verstopt zich om de haverklap achter kasten om zijn 'lelijke' hoofd te verbergen). Maar: laat ik jullie ook vertellen wat ik ervan heb geleerd. Laat je niet gek maken en opfokken. Ga niet de strijd aan met een kind dat per se stomme dingen wil doen. Geef advies als daarom wordt gevraagd, en anders niet of spaarzaam. Laat je niet shockeren door een kind dat je wil provoceren. Blijf kalm, al zou je liefst ontploffen. En vooral: neem afstand. Laat je niet meezuigen in een vortex van strijd en herhaling van zetten. Want: het komt goed. Echt waar. Het komt goed. En ook nog helemaal vanzelf. Het enige dat je moet doen, is loslaten. Loslaten, je blijven openstellen voor je kind, en vertrouwen hebben. Dat het goedkomt. Dat ze uiteindelijk zelf ook ontdekken wat goed voor ze is. En dan spijt hebben dat ze niet eerder naar je hebben geluisterd.

BLIJF KALM, AL ZOU JE LIEFST ONTPLOFFEN. EN VOORAL: NEEM AFSTAND.

5 MAAK JE KIND EEN BUITENKIND

Wij hebben in de tuin een boom. Een flinke. Op acht meter hoogte, in die boom, hangt onze Willem. Want hij houdt van klimmen en wil dus steeds hoger. Hij is allang hoger dan wij prettig vinden, zijn moeder en ik. Maar hij klimt al jaren in bomen, we hebben het hem zelf geleerd – uitgelegd dat je eerst voorzichtig je gewicht moet verplaatsen van het ene been op het andere, voor je een veilige tak verlaat. Hoe je dood en dus breekbaar hout herkent. En vooral: dat je nooit verder gaat dan je veilig lijkt. Hij zal het dus wel weten.

en een ribeye volgens de regelen der kunst kan grillen. Een kind dat kan roeien en zeilen, salto's op de trampoline maken, skelteren, gitaar kan spelen, een tent opzetten, met gezag een bal kan trappen, gooien of slaan. Een kind dat kan omgaan met gereedschap en hout kan hakken. Dat naar school fietst, zonder sokken, ook in de winter. Al in maart rondloopt in korte broek. Gaat zwemmen in het meer. In mei. Als je het water net achttien graden is. Slootje kan springen en niet bang is voor een nat pak. Ook niet wegens door het dunne ijs zakken in een ondiepe sloot.

ONS KIND MOET EEN GEZONDE GEEST IN EEN GEZOND LICHAAM HEBBEN, EN DAT, VADERS, IS ONZE TAAK.

Je kind – jongen of meisje, maakt niet uit – mannendingen leren. Als wij mannen één missie hebben tijdens de opvoeding van ons nageslacht, is het deze. Een stoer en weerbaar kind, dat moet je willen! Een kind dat het achteloos een week in de jungle uithoudt of weet hoe het een been spalkt. Een kind dat een (kamp)vuur kan maken

Oh, en dan vergeet ik nog dat het weerbare kind vlees moet eten. Met bot. Liefst persoonlijk en diervriendelijk geworgd. Maar ook niet moet schrikken van vergeten groente, mits uit de ovenschaal, besprenkeld met olijfolie en fleur de sel. Ons kind moet een gezonde geest in een gezond lichaam hebben, en dat, vaders, is onze taak. Hoe-

wel je, zoals ik, kunt boffen met een vrouw die van fietsen en wandelen houdt, en aldus ook een steentje bijdraagt aan de geestelijke en lichamelijke vorming van ons buitenkind.

Zit hier ook nog een filosofie achter? Zeker. Buiten zijn en dingen doen is gezond. Gezonder dan achter de Xbox zitten vegeteren op de bank. Voorbeeld? Buitenkinderen zijn nooit dik, want branden het vet sneller weg dan ze het er ooit bij kunnen eten. Bovendien zijn buitenkinderen gehard, want ze vallen vaak, hebben het erg koud of vreselijk warm, worden moe en krijgen te maken met moeilijke omstandigheden. Zoals regen, wind, andere buitenkinderen, agressieve boerderijdieren en getergde automobilisten die zich net het rambam zijn geschrokken van de sneeuwbal/ waterbom die zojuist op hun voorruit is geëxplodeerd.

Buitenkinderen kunnen incasseren en verdragen, een beetje pijn is misschien niet fijn, maar ook geen probleem. Bovendien hebben buitenkinderen altijd veel, leuke, vrienden: andere buitenkinderen met wie men een hut kan bouwen, heitje voor een karweitje langs de deuren kan doen, of paardenbloemen uit het gras kan plukken. Bottom line: buitenkinderen worden later aantrekkelijke volwassenen omdat ze dingen kunnen, altijd in zijn voor iets geks, nooit zeuren en er geweldig uitzien wegens sportief en altijd buiten in de frisse lucht. Wat wil een mens nog meer voor zijn kind?

Schaaf wondje

GOUDEN TIP

OMGAAN MET VERWONDINGEN

Ik heb ooit mijn zoon Pieter, 4 jaar oud en héél vervelend, naar de gang gestuurd. En de deur achter hem dichtgegooid. Hij huilde, natuurlijk, want hij kreeg straf, maar hij huilde wel een beetje hard. En een beetje lang. Ik ging toch maar eens poolshoogte nemen. Toen bleek dat zijn wijsvinger tussen de deur zat. De vinger was helemaal plat, het zag er gruwelijk uit. Ik belde behoorlijk in paniek de dorpsdokter, die beloofde onmiddellijk naar ons toe te komen en me aanraadde de boel op ijs te koelen.

Pieter bleef intussen huilen als een zwaargewonde weerwolf. Gelukkig was de dokter snel ter plaatse en sprak onmiddellijk de legendarische woorden: 'Zeg Pieter, waarom steek jij nou je vinger tussen de deur?' Pieter viel direct stil. Toen moest hij lachen, want dat deed de dokter ook. Zo zag ik voor het eerst hoe je simpel door de situatie in een andere context te plaatsen dan die van pijn, schrik en platte vingers, een kind zijn ellende kunt laten vergeten.

Tegenwoordig ben ik de man die gaat over de wonden, het bloed, en kinderen kalmeren. Voorbeeld: stoot een kind zijn teen tegen de trap, geven we de trap een klap. Onzin? Natuurlijk! Pedagogisch verantwoord? Natuurlijk niet: het is belachelijk het kind te leren dat het de schuld van de trap is dat het zijn teen er tegen stoot. Maar werkt het? Als een dolle. Het is namelijk hilarisch om een levenloos object voor rotte vis uit te maken en verrot te slaan en schoppen. Vinden kinderen prachtig. Helemaal als ze zelf de trap nog een trap na mogen geven.

Ook nu ze groter zijn en af en toe best nare kwetsuren oplopen, doet mijn grapjesvoodoo wonderen. Spelen de kinderen (zo rond de 10, 11 jaar) nu boven, moeten ze van mij bij verwondingen eerst zelf kijken of ze de zaak kunnen verbinden. Het gebeurt dan ook regelmatig dat er eentje loeiend begint te huilen, en de anderen hem snel tot bedaren brengen, omdat 'anders mijn vader bovenkomt, en dat is erger dan een spijker in je voet.' Even later komt dan iemand een verbandtrommeltje halen. Ik vraag dan bezorgd: 'er is toch niets ergs aan de hand, hè, want dan kom ik helpen'. Zeggen ze: 'nee joh, dat was een grapje, van die spijker, hij heeft gewoon een schaafwondje'. Stoere gasten met humor. Ik hou er van.

WIE? EDDY ZOËY

WAT? PRESENTATOR

VOORAF

Hoelang ben je al vader?
'Tien jaar. Ik heb twee kinderen. Fender, mijn zoontje, is tien. En mijn dochtertje Teuntje is acht.'

Allemaal bij dezelfde vrouw?
'Ja, maar sinds vorig jaar zijn wij officieel gescheiden. We waren negentien jaar samen. Dit is niet hoe wij het allebei voor ogen hadden, en het is een heftig jaar geweest. Voornamelijk voor de kinderen. Voor ons is het nog wel te handelen'.

Wil je er nog meer?
'Als het weer eens ter sprake komt, ben ik daar niet automatisch op tegen.'

VADER WORDEN

Was je een beetje een held bij de bevalling of stond je sigaren te roken op de gang?
'De oudste is gewoon bij ons thuis geboren, in het huis waar ik nu nog woon. Ik vond het vooral eng, zeker toen de vroedvrouw even wegging om wat rommel te halen. Dan heb je dus een kind en een enorm bloedende vrouw in je bed liggen. Ik dacht: Die vrouw moet wel snel terugkomen, want ik heb hier geen handleiding voor.'

Wat was het eerste wat je dacht toen je je baby in je armen had?
'Je wordt overmand door alle pracht en impact die zo'n kind hoort te hebben. Maar je denkt ook: *Eh, wat nu?* Want dat dunne roze boekje van Kluun over vaderschap is leuk, maar dat helpt op dat moment niks.'

Is je leven beter of slechter nu je vader bent?
'Voordat je kinderen krijgt, heb je toch een redelijk egoïstisch en hedonistisch leven, al helemaal als je een publieke persoonlijkheid bent. Zodra je kinderen krijgt, is alles anders, en dat besef komt heel snel binnen.'

Ben je een gezonder man geworden door je kinderen?
'Ik weet niet of dat zo is. Ik rook weleens sigaren en mijn vrouw rookte vroeger sigaretten. Dat de-den we voor de kids er waren nog weleens binnen, dat is daarna veranderd.'

Zag je er nog een beetje normaal uit of liep je rond als levend kotsdoekje?
'Je ziet aan alle kersverse ouders dat ze in die eerste maanden met een baby zitten. Het zijn zombies. Ik was ook een zombie. In fleece.'

Heb je nog wel tijd voor jezelf?
'De eerste drie jaar is het een soort van hel. Er is bijna geen private time meer. Dat hele egoïstische 'me, me, me' kan niet meer. Als je toch voor jezelf kiest, voelt dat heel erg asociaal.'

DE KINDEREN

Wiens idee was het om kinderen te nemen?
'Mijn ex-vrouw wilde altijd trouwen. Ik had daar principieel iets op tegen, vond dat onzin. Maar na tien jaar merkte ik dat het voor haar echt belangrijk was. Toen heb ik mijn principes opzijgezet, ben ik op een knie gegaan en heb ik haar ten huwelijk gevraagd. Voor de geboorte van Fender en Teuntje hebben mijn ex en ik twee miskramen gehad. Dat was enorm heftig en zorgde ook voor een trauma bij mijn ex. Maar twee weken nadat ik haar ten huwelijk had gevraagd, werd ze zwanger van Fender. Alsof het aanzoek rust bij haar teweegbracht.'

Houd je van je kinderen?
'Ik houd enorm van mijn kinderen. Teun werd meer dan twee maanden te vroeg geboren en dat is echt heel erg riskant. Tijdens de bevalling zei de arts dat het foute boel zou zijn als het kind niet zou huilen na de geboorte. Toen ze eruit kwam en begon te huilen, jankte ik net zo hard mee. Ze zijn zo belangrijk voor me, het is echt extreem.'

Vind je je kinderen aardig?
'Ja, ik vind ze echt heel aardig. Fender is een heel fijne en gevoelige jongen, dat merk je nu al. Hij is erg fijngevoelig, op heel veel vlakken. Teun is echt een rouwdouwertje. Het zijn twee hele vrolijke kinderen.'

Wat vinden ze van jou?
'Dat weet ik eigenlijk niet zo goed. Het is natuurlijk logisch dat er momenten zullen komen dat de belangen tegengesteld raken en dat het gaat botsen. Maar volgens mij zijn ze uitermate positief.'

Is het moeilijk om geen favoriet te hebben?
'Teun is heel erg vrolijk en ondernemend, een heel positief kind. Fender is wat meer in zichzelf gekeerd, en zit misschien op een wat ander vlak qua intellect. Maar ik heb geen favoriet.'

Dochters of zonen?
'Het is fucking corny, maar het is echt gelijk. Teun is wat meer van het knuffelen, maar dat heeft meer te maken met de leeftijd. Fender vindt het wat fijner om alleen te zijn, om in zijn eigen wereld te zitten. Teuntje heeft wat meer entertainment nodig. Ze wil spelletjes spelen met mij terwijl ik dan net wakker ben en het liefst met een espresso een krantje zou lezen. Maar dat kan ik niet over mijn hart verkrijgen, dus dan tel ik tot drie en zeg ik met een grote lach: "Wat wil je gaan doen?" Dan komt het plezier vanzelf wel.'

ZORGEN

Wie zorgt thuis het meest voor de kinderen?
'Tijdens ons huwelijk nam mijn ex het meeste werk op zich. Ik denk wel dat het nu gelijker is. Vroeger was het voor mij heel normaal om in het weekend nog te werken achter mijn laptop, ik nam het te vaak mee naar huis. Tegenwoordig haal ik de kinderen vrijdag op van school, en dan gaat mijn telefoon uit en ben ik niet bereikbaar.'

Wat voor vader ben jij?
'Ik ben niet streng, er mag best veel, maar ik ben wel duidelijk. Als ze echt te ver gaan, moeten ze in de hoek gaan staan. Als ze mij kunnen vertellen waarom ze daar staan, mogen ze er weer uit.'

MOEDER DE VROUW, DE LIEFDE

Veranderde je ex-vrouw door het moederschap?
'Ik vind dat zij over de jaren sowieso enorm veel stadia heeft doorlopen. Ze is van een naïef kind veranderd in een volwassen vrouw.'

Seks, wil dat nog een beetje?
'We hebben een relatie gehad van bijna twintig jaar. Je seksleven verandert enorm, maar ik vertel je niets nieuws. Ik vind dat op zich niet zo'n probleem omdat je er zoveel voor terug krijgt. De relatie wordt sowieso anders naarmate je langer bij elkaar bent. Daar kun je een probleem van maken, maar ik denk dat dat niet nodig is.'

Heb je advies voor collega-mannen om de boel, indien ingedut, weer vlot te trekken?
'Een minder actief seksleven hoeft niet te betekenen dat je relatie slechter wordt. Je moet er de tijd voor nemen, ga met z'n tweeën op vakantie. Dan kun je al dit soort dingen bepreken in een hotel, zonder kinderen. Reken maar dat die seks dan terugkomt. Of stel je parameters bij. Jaren geleden riep mijn ex al: "Ik kan me toch echt niet voorstellen dat ik tot het eind van mijn leven alleen maar seks met jou heb. Daar moeten we het echt eens over hebben."

'TOEN ZE ERUIT KWAM EN BEGON TE HUILEN, JANKTE IK NET ZO HARD MEE.'

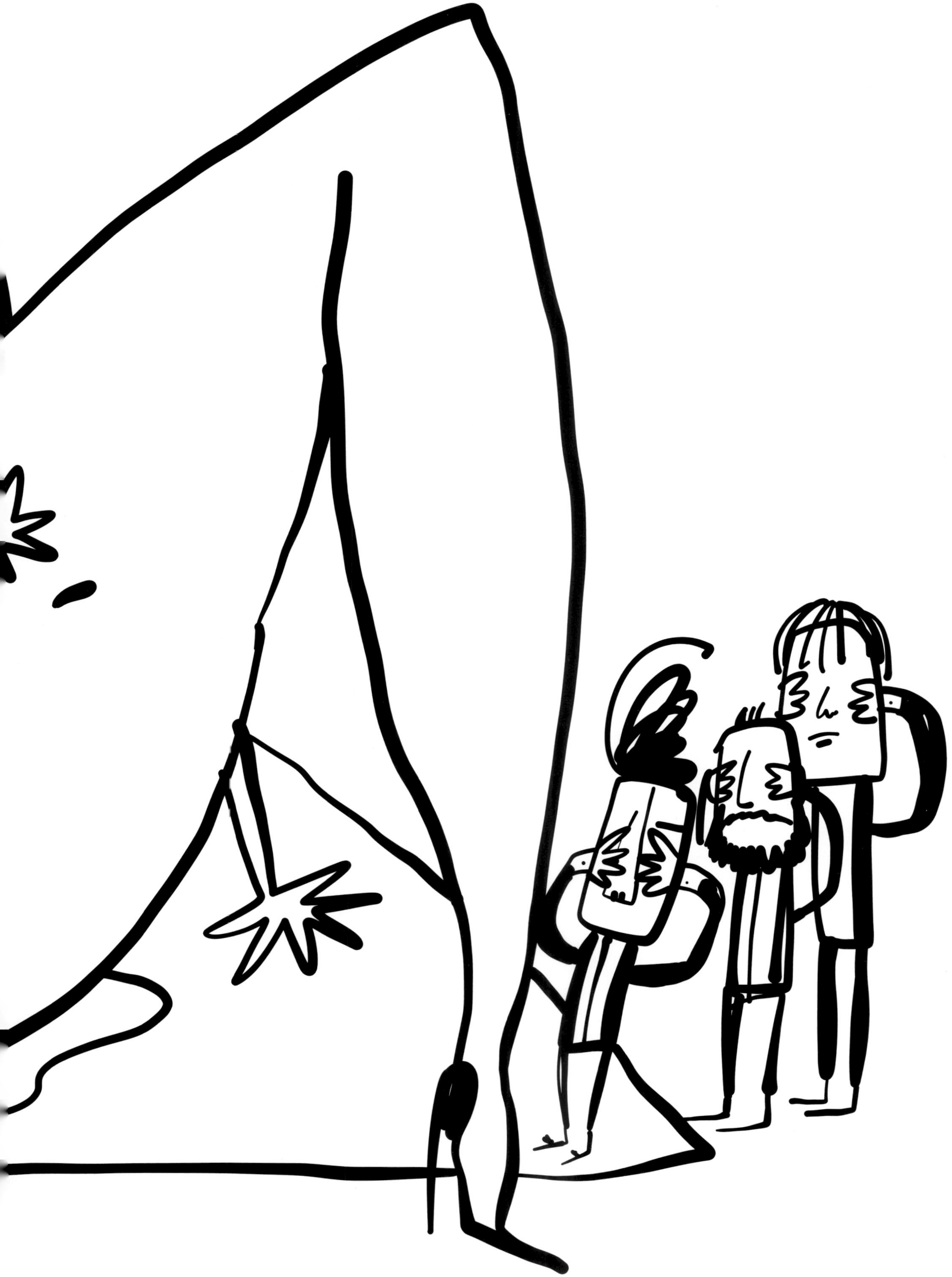

Toen zei ik: "Hey, alles is bespreekbaar, maar dit is geen makkelijke."'

Hoe ging het daten met een kind?
'Ik ben alweer een tijdje onder de pannen, maar het is moeilijk. Want hoe vertel je de kinderen over je nieuwe vriendin? Ik ging naar de première van de film *Angry Birds*, waar ik een stem voor ingesproken had. Ik vroeg haar of ze misschien meewilde als oppas voor de kinderen. Zo heb ik haar ook voorgesteld. Maar kinderen zijn niet achterlijk. Die zeiden al snel: "nou, papa is wel een beetje verliefd op Sarah, en Sarah ook wel een beetje op papa."'

PRAKTISCH

Favoriete vadergadget?
'Een Wii. Dat werkt gewoon goed voor die kids. Ik ben het niet eens met ouders die anti-iPad zijn. Kinderen hebben er juist voordeel aan, omdat zoveel van die apps educatief zijn. Ook al spelen ze af en toe een schiet- of racespelletje.'

Favoriete vakantiebestemming met kinderen?
'Dat is altijd al Ibiza geweest. We huurden daar gewoon voor twee of drie weken een afgelegen hut. Alles is voorhanden, je hoeft nergens naartoe. Het is mooi weer, je hebt een eigen zwembad. Mijn kinderen hebben daar heel goede herinneringen aan.'

Favoriete kinderboek?
'Mijn kinderen hebben nog steeds de neiging om gewoon Dikkie Dik te pakken. Als ik zeg dat het wat simpel voor ze is zeggen ze: "Ja, maar papa, we willen het zo graag!"'

Favoriete kinder-tv?
'Ze kijken naar YouTube, niet naar tv. Dat is helemaal klaar.'

Favoriete kindereten?
'Het favoriete eten van mijn zoontje – en ik denk dat we hierin afwijken van de rest – is groente! Goed hè? Komkommer, paprika, worteltjes, dat vindt hij allemaal lekker. Mijn dochter is het tegenovergestelde. Die wil het liefst snoep en ijsjes. Als je aan haar vraagt waar ze wil eten op haar verjaardag: McDonald's.'

Wanneer mag een kind mee uit eten?
'Vanaf het begin af aan al eigenlijk. Ik kies wel altijd een restaurant waarvan ik denk dat het leuk is voor kinderen. Een pannenkoekenrestaurant, of een pizzeria.'

Mooiste herinnering van jou en je kinderen?
'We zijn laatst naar de Efteling geweest en blijven slapen in het Eftelinghotel. Nou, dat is toch een belevenis voor kinderen. Ze kunnen twee dagen lang het park in en alles in zo'n hotel is allemaal leuk ingericht voor kinderen. Een andere keer zijn we vlak voor het slapengaan naar het bos gegaan om in het donker verstoppertje te spelen. We namen zaklantaarns mee om elkaar niet kwijt te raken. Voor kinderen is dat superspannend. Ik weet dat we dat vast vaker gaan doen. Het is zo gaaf om nu dit soort dingen met ze te kunnen doen.'

'EEN MINDER ACTIEF SEKSLEVEN HOEFT NIET TE BETEKENEN DAT JE RELATIE SLECHTER WORDT!'

WAT IS JE ULTIEME PAPA-TIP?

'Besef voordat je kinderen neemt, dat die eerste drie jaar gewoon kut zijn. Natuurlijk zijn er heel mooie momenten, maar alles staat in het teken van de kinderen. En realiseer je dat je kinderen niet kunt veranderen, je kunt beter hun karakters leren kennen.'

JAN HEEMSKERK MET ZOONS JAN (26) & WILLEM (13) - ZOON PIETER (23) IS NET EVEN PLASSEN.
JAN DRAAGT EEN **EDOX** GRAND OCEAN ULTRA SLIM, REF. 56002 3C BUIN, SWISS MADE QUARTZ, EDELSTAAL, 41MM, SAFFIERGLAS, 100M WATERDICHT, LERENBAND, € 695,-.

KIDS TOT 10

4 VADER TYPES 4 TYPEN

1

CORPORATE VADER. WERKT BIJ EEN MULTINATIONAL ALTIJD IN CORPORATEPAK. WEINIG TIJD, ALTIJD AAN DE TELEFOON, HANDELT DE KINDERWAGEN PERMANENT MET ÉÉN HAND.

EDOX LES BÉMONTS CHRONOGRAPH MOONPHASE – SAFFIERGLAS, EDELSTAAL, 42MM, LEDEREN BAND, 30M WATERDICHT, € 750,-

2

VINEXVADER. TIJD SPEELT GEEN ROL, HET GAAT ALLEMAAL OM BEWUSTWORDING EN BEZINNING. DE KINDEREN STAAN VOOROP. ALTIJD.

EDOX CHRONORALLY-S CHRONOGRAPH – SAFFIERGLAS, EDELSTAAL, 44MM, RUBBEREN BAND, 100M WATERDICHT, € 545,-

HORLOGES

ALDUS SELWYN

3

CREATIEVE VADER. ZELFDE NIKES ALS DE BABY. VULT ZIJN EIGEN TIJD IN. IS HEEL FLEXIBEL. HEEFT VAAK EEN BAARD.

EDOX GRAND OCEAN PHANTOM OF TIME – SAFFIERGLAS, EDELSTAAL, 41MM, LEDEREN BAND, 100M WATERDICHT, € 1.395,-

4

TWEEDE-LEGVADER. AL EEN BEETJE OP LEEFTIJD, HEEFT ALLES AL GEZIEN EN KAN DAARDOOR VEEL MEER VAN HET VADERSCHAP GENIETEN DAN EERSTELEGVADERS. HOUDT BOVENDIEN VEEL TIJD VOOR ZICHZELF OVER.

EDOX GRAND OCEAN CHRONOGRAPH AUTOMATIC SAFFIERGLAS, EDELSTAAL, 45MM, RUBBEREN BAND, 300M WATERDICHT, € 2.695,-

Puu
Gou

GOUDEN TIP

DINGEN DOEN MET JE KIND IS LEUK

Ik maak graag en vaak de vergelijking tussen de mens en de leeuw. Omdat-ie zo veelzeggend is. Het zit zo: de mannetjesleeuw doet 22 uur per dag niets. Hij slaapt. Als hij wel wat doet, is het moeder de leeuw beklimmen voor een snelle wip, de zebrabout opeten die diezelfde leeuwin voor haar heer en meester heeft gejaagd, of een vermetele collega-leeuw van het erf jagen. Wat zelden voorkomt omdat die andere leeuw ook wel wat beters heeft te doen, namelijk slapen, eten en seks.

Wij mannen zijn net mannetjesleeuwen. En vrouwen zijn net leeuwinnen. Mannen doen liefst niets, en anders seks, eten en vechten. Vrouwen lopen de hele dag op eten te jagen, te stressen dat er misschien een andere leeuw op het erf komt, en te redderen met de welpen. En dat is functioneel en evolutionair voor leeuw én mens een prima verdeling van taken, ware het niet dat de mensenvrouwtjes hebben besloten dat het mannetje ook zijn bijdrage moet leveren aan het huishouden en het opvoeden/vermaken van de kinderen.

En – je zult hiervan opkijken – ik ben het daar eigenlijk volkomen mee eens. Vandaar dat ik al geruime tijd diverse keren in de week het avondeten kook, dingen die op de grond liggen opberg in de kast, en na de afwas een lapje door de keuken trek. Achterblijver in mijn geëmancipeerde takenpakket was lange tijd echter 'leuke dingen doen met het kind'. In mijn mannenbrein had ik 'leuke dingen doen met het kind' namelijk grondig gedemoniseerd: mezelf wijsgemaakt dat het helemaal niet leuk is naar een zwemparadijs te gaan om samen te zwemmen. Of iets te knutselen dat een machinegeweer moet voorstellen. Of ons te verkleden als Jedi-ridders en elkaar de hersens in te slaan met een lichtzwaard.

Maar dat blijkt helemaal niet waar! Leuke dingen doen met je kind is waardevol – het kind vindt het leuk en, ontdek ik meer en meer, ik als vader eigenlijk óók. Zo hebben we laatst staan koppen in de tuin. Ik gooi de bal aan, hij kopt 'm terug. En dan niet tien, maar 50, 100 keer. En hij vond het prachtig, want nu zou hij nog beter kunnen koppen en wie weet ooit weleens een doelpunt maken met het hoofd! Puur goud, papa's, ik kan het je namens deze herboren leeuw van harte aanbevelen! En dat niks doen is eigenlijk toch enorm overschat, per saldo.

ZO BLIJFT DE

Niets anders is gratis en net zo fijn als seks.

Dat, lieve vrienden, noemen ze nou een waarheid als een koe. Je zult weinig mensen, mannen of vrouwen, tegenkomen die deze stelling zullen betwisten, en zo toch: mijd dan die mensen als de builenpest.

Seks is geweldig. Niet alleen is het een heerlijke, intense, lichamelijke gewaarwording, het maakt ook nog eens allerlei gevoelens los van intermenselijke verbondenheid, affectie en onbaatzuchtigheid. Je verbrandt daarnaast diverse kilocalorieën en maakt opgewekte hormonen aan, je voelt je energieker en het doet ook nog eens wonderen voor je immuunsysteem. Bovendien krijg je er desgewenst baby's van.

Seks is zó fantastisch, én gezond, én gratis en altijd beschikbaar, dat je niet begrijpt dat we het niet allemaal elke dag, de hele dag doen, net als eten, drinken en slapen. Er is een beroemd experiment – al uit 2009 – van de Britse journalist Tim Scott, die twee jaar lang elke dag met zijn vrouw, mevrouw Scott, de liefde bedreef. Of ze nou zin hadden of niet, of het nou druk was of niet, of het zon-, feest-, hoogtij-, werk- of vrije dagen waren of niet. Of men moe, dronken, chagrijnig en ongesteld was of niet: elke dag seks.

Of het nou tot volledige penetratie dan wel orgasme moest komen, of dat een genitale knuffel met een happy end ook wel voldoende was, vertelt het verhaal niet. Wel duidelijk werd: de communicatie tussen man en vrouw werd veel beter, men beschouwde elkaar welwillender,

SEKS GOED!

en ook in bed gingen de zaken er op vooruit: hij werd (volgens haar) beter in bed en zij (daardoor?) bereikte steeds sneller een orgasme! Hoera en hosanna alom!

De KRO deed het in 2014 nog eens dunnetjes over met *Alle Dagen Seks*, een soortgelijk idee onder aanvoering van ons Nationale Sekssymbool Arie Boomsma. Ook hier: seks is misschien niet de oplossing van al je huwelijksproblemen, maar het is altijd nog veel beter dan een huwelijk zónder seks. Want de bottomline is: een huwelijk zonder seks is een disaster waiting to happen. Een tikkende tijdbom, die ooit in je gezicht ontploft in duizend stukjes van overspel, bittere verwijten, scheiding, alimentatie en gebroken huisgezinnen met zielige pingpongkindjes.

Het is welbeschouwd een onbegrijpelijk fenomeen. Seks is het fijnste ding op aarde en als je geen seks hebt in je relatie, gaat die relatie ten onder. Je zou zeggen: alle reden om de pannen van het dak te neuken. En toch is de seks binnen de gemiddelde liefdesrelatie één van de meest verwaarloosde componenten. Want waarom besloten Tim Scott en zijn vrouw twee jaar lang elke dag seks te gaan hebben? Niet voor de flauwekul! Nee, omdat zij in een moment van grote helderheid (en vergevorderde dronkenschap, vermoedelijk) tot de conclusie kwamen dat zij ongemerkt waren veranderd in zo'n standaard-setje met jonge kinderen: 'Wij waren zo'n typisch koppel. Ik 33, zij 30, een baby, geen seks. Eerst lachten we erom, en die weinige keren dat we het wel deden, zeiden we

GELOOF ONS:

MAAK JIJ ER GEEN WERK VAN, HEB JE NOOIT MEER SEKS, EN ZIJ OOK NIET.

altijd dat we het vaker zouden moeten doen. Maar het kwam er niet van, we lieten ons meesleuren in de alledaagse stroom. Van seks krijg je echter zin in seks. Waarom zou je seks dan niet gebruiken als middel om je seksleven op te lappen?' aldus Scott in *Telegraaf Vrouw*.

Want, waarschuwt Scott: 'De afwezigheid van seks is als een subtiele vijand. Het vreet aan de belangrijke fundamenten van je relatie (vertrouwen, intimiteit, passie en respect) en aan aantrekkelijkheid. Als het niet wordt behandeld, kan een sekstekort de liefde kapot maken. Uiteindelijk wordt een seksloos leven een neerwaartse spiraal: hoe minder je het doet, hoe minder leuk het is, waardoor je het minder doet.' Ik had het zelf niet beter kunnen zeggen!

Dus heb ik persoonlijk uit bovenstaande een les getrokken die ik hier graag en terdege in jullie kop wil stampen:

HET IS ESSENTIEEL, EN JE VOLLE RECHT, ER BIJ JE PARTNER OP TE STÁÁN DAT SEKS EEN BELANGRIJK EN REGELMATIG BESTANDDEEL VAN JE RELATIE BLIJFT UITMAKEN. OÓK ALS ER KINDEREN KOMEN.

Ik poneer dit met een zekere stelligheid, omdat het van het allergrootste belang is dat jij het met me eens bent, en je partner zich realiseert dat je het meent. Dat het je ernst is. Dat dit convenant niet open staat voor discussie. Dat het ononderhandelbaar is. Dat je – indien deze afspraak niet wordt gehonoreerd – daadwerkelijk (desnoods na twee officiële waarschuwingen in de vorm van een minnares) zult vertrekken met medeneming van je persoonlijke Spotify-playlist, de helft van de spaarrekening, alsmede de overwaarde van het huis. En de 4K curved breedbeeld-tv.

Je denkt nu misschien wel dat het zo'n vaart niet loopt. Dat die seksloze periode wel weer overwaait. Dat die eigenaardige verschuiving van haar focus van jou naar de baby van tijdelijke aard is. Dat er genoeg liefde in haar moet schuilen voor jou én de baby. Dat tv-kijken ook leuk is. En samen de ouders spelen van zo'n knus kind voldoende basis voor een hechte liefde. Gelul! Jij gaat na verloop van tijd kapot als je niet genoeg seks krijgt. En zij ook! Want we doen nou wel alsof wij mannen de geile booswichten zijn die de fijnere hoofse puntjes van de ridderlijke liefde niet begrijpen, met onze eeuwig kloppende erectie, maar ik kan je verzekeren dat zij bij gemis aan jouw kloppende erectie op een dag op zoek gaat naar iemand die dit gapende gat in haar geluk wel wil vullen.

Vrouwen, mocht je het niet weten, houden in principe namelijk net zoveel van seks als mannen. Alleen zijn zij, omdat er altijd ruim voldoende aanbod voorhanden is, daar niet zo obsessief mee bezig als wij, die veel minder gemakkelijk bereidwillige specimens van de andere sekse uit de kroeg kunnen plukken. Wij zijn als het ware geprogrammeerd elke kans op seks te grijpen, want je weet maar nooit wanneer we de volgende keer een mazzeltje hebben; vrouwen kunnen altijd en overal over een horde gruizige mannen beschikken, en zijn er dus in gedachten niet zo mee bezig.

Daar komt bij: vrouwen zijn al met zoveel dingen bezig! Allereerst het kind of de kinderen. Of het nou baby's, schoolgaande of puberkinderen zijn, moeders zijn er druk mee. Ze hebben immers geen kinderen gekregen om ze te verwaarlozen of in hun sop gaar te laten koken. Nee, met kinderen moet van alles. Ze moeten rondgesjouwd met een bakfiets. Er moeten cupcakes voor worden gebakken. Leuke kleertjes voor gekocht. Naar macrobiotische toneelolympiades worden gekeken, huiswerk worden begeleid en fietsvakanties mee worden gefietst. Vrouwen zijn vrijwel onophoudelijk bezig met kinderen. En die tijd gaat ten koste van ... jou!

Tevens hebben vrouwen tegenwoordig een baan, god zij geloofd en geprezen, maar ook die is bijzonder tijdrovend en stressvol, met name na werktijd, als alle gedoe van de dag moet worden uitgepraat, met jou, haar man. En er zijn vriendinnen en (bejaarde) familie die haar aandacht behoeven, als is het maar een uurtje bellen, een leuke briefkaart of een meidenweekend op de Hoge Veluwe. Dan is er nog het huis, dat nooit klaar of netjes is. Waar nu toch eindelijk werk moet worden gemaakt van de inloopschoenenkastkamer, het bad op pootjes in de slaapkamer, het afdak voor de fietsen naast de garage of het ingraven van de trampoline in de achtertuin. Tel daar bij op: het klein en groot onderhoud aan het vrouwenlichaam en het kopen, wassen, uitzoeken en verkopen van kleding en schoeisel, en je kunt zien hoe de tijd en geestelijke ruimte voor de seksualiteit danig in het gedrang kan komen.

Geloof ons: maak jij er geen werk van, heb je nooit meer seks, en zij ook niet – dat is tót het moment dat ze oog in oog staat met een begeerlijk manspersoon die ze niet heeft geclassificeerd als maatje en vader van haar kinderen, ineens haar libido herinnert, zich een clitorisverzwikking laat beffen en hierbij ruwe schuttingtaal uitslaat, die jij nimmer achter je lieve schatje had gezocht.

Want pas op hè: niet alleen krijg je geen seks als je niet staat voor je rechten en verlangens, je zakt in haar beleving ook nog eens diep weg in de gevreesde platonische Friend Zone, waar liefdesrelaties heengaan om te sterven. Of – net zo erg – je komt in de hoek te staan van de vriendelijke nanny/poetsvrouw, een rol die jouw seksuele aantrekkingskracht ook bepaald geen goed doet. Sterker nog: opzienbarend Amerikaans onderzoek bewijst dat vrouwen een man die veel zorg- en thuistaken verricht weliswaar heel lief vinden, maar niet zo geil. Geloof ons: je wilt liever geil gevonden worden, dan lief. Want ben je eenmaal van lustobject afgezakt naar knuffelbeer, kun je net zo goed de stekker uit je huwelijk trekken en opnieuw beginnen: er is geen weg meer terug. In haar hersens is de neuronenverbinding jij=seks verbroken en vervangen door jij=afwas, jij=papa-van-de-kinderen of jij=pispaal.

Goed. Nu we je duchtig hebben bang gemaakt, laten we je natuurlijk niet zitten zonder handvatten om de seksuele balans in je relatie te waarborgen. We zeiden al dat je in het begin van de relatie, als de liefde nog vers is en zij zich ook niet kan voorstellen dat ze op een dag liever de *Libelle* leest dan jou gillend te berijden, heldere afspraken over seks moet maken, liefst op papier. Dat geeft je ook iets tastbaars om op terug te grijpen als je haar na verloop van tijd op haar plichten moet wijzen, die ze immers bij haar volle verstand is aangegaan.

HET KAN GEEN KWAAD JE AF EN TOE VAN JE ROMANTISCHE KANT TE LATEN ZIEN.

Houd in lijn met die afspraak de seks binnen de relatie ook altijd bespreekbaar. En bespréék die dan ook. 'Schatje, misschien is het aan je aandacht ontsnapt, maar we hebben nu al acht dagen geen seks gehad. Is er iets aan de hand of kunnen we morgen even een uurtje gezellig neuken? Wat komt het beste uit? Lepeltje lepeltje voordat de kleine wakker wordt, of toch liever een heerlijke missionaris met voorspel om een uurtje of negen vanavond? Kunnen we daarna nog even uitwasemen met *Sherlock*!' Als je seks zo gewoon en vanzelfsprekend maakt, zal het ook niet zo snel bij haar opkomen te gaan tegensputteren, want ook vrouwen, bless their little hearts, zijn maar eenvoudige gewoontedieren, die zich gemakkelijk conformeren aan de gebruikelijke gang van zaken.

Dat wil overigens niet zeggen dat je genoegen moet nemen met eeuwige huis-tuin-en-keuken-seks. Er is natuurlijk niets mis met een fijn potje doe-dan-maar-even vóór het tandenpoetsen op de zondagmorgen met routineorgasme voor allebei, maar af en toe een potje grensverleggende porno om de pijpen eens flink door te blazen, frist de boel wel zo lekker op. Helemaal geniaal is het – en dat mag je haar ook best eens vertellen – als het initiatief van beide kanten komt.

Ik sprak onlangs een vrouw op een feestje die niet alleen beweerde dat ze bloedchagrijnig wordt als ze een paar dagen geen seks krijgt, ze was ook van mening dat ze als vrouw recht had op drie maal zo veel orgasmes als de man, was best bereid om daar een handje bij te helpen, en had om de boel aan te wakkeren in haar geheime lade onder meer een leren rokje dat ze echt niet in het openbaar kon dragen, maar waarvan ze, als ze het droeg, instant-geil werd – onversneden eigengeilerij dus. Ze vroeg of dat erg van haar was. Ik heb haar een lichtend voorbeeld voor haar zusters genoemd en haar echtgenoot van harte gefeliciteerd.

Naast de seks als onderwerp top of mind te houden, ligt bij jou zelf natuurlijk ook de taak jezelf aantrekkelijk te houden voor je partner. Je kunt nou wel verlangen dat je vrouw je twee keer in de week alle hoeken van de kamer laat zien, maar dat is misschien iets te veel gevraagd als je sinds het begin van de relatie 20 kilo zwaarder bent geworden, nog twee lokken vettig plakhaar op je schedel koestert en jusvlekken op je ongepaste hoodie hebt.

Geef die vrouw iets om mee te werken en doe wat aan je verschijning. Dat betekent helaas minstens vier keer in de week een halfuur middel-tot-zware fysieke inspanning. Lopen en fietsen zijn gratis en kunnen overal, bootcampen of boksen kosten geld maar zijn wel hip, een potje voetballen kan nooit kwaad. Dat betekent ook: af en toe met een kritisch oog in de spiegel kijken: zou jij – als je van de mannen was – op dit moment direct op je knieën gaan om de fallus van deze liefdesgod de hoogste eer te bewijzen?

Zo niet, bezoek een kapper, knip je nagels, trim je pubes, verbrand al je ondergoed met gaten, dump sowieso ieder kledingstuk met rulle bolletjes en lubbertaille, blijf heel ver weg van wandelschoenen in sinistere rots- en bostinten, camouflagebroeken en culotjes, en vraag je vrouw – of beter nog, een andere vrouw van dezelfde leeftijd en smaakcategorie – om kledingadvies.

Pak – ook erg erotiserend – in en rond het huis echte mannenklussen aan. We stelden al vast dat stofzuigen en afwassen weliswaar lief, maar ook lustdodend is voor vrouwen. Heel anders is het met houthakken (altijd prijs), zwaar spitwerk in de tuin, een tegelvloer leggen, een steigerhouten tuinset ontwerpen en eigenhandig in elkaar schroefboren. Dat zijn – samen met ondoorgrondelijke dingen als fietsen repareren of moeilijke dingen downloaden op de computer – klussen die thuishoren in de sfeer van eerlijk mannenzweet en rondspattende feromonen. Dáár krijgt zij een clitboner van.

Verder en tenslotte kan het geen kwaad je af en toe van je romantische kant te laten zien. Niet zoals een vriend van ons, die zijn beminde elke maand een zonnebloem schonk om te memoreren dat ze alweer dertig dagen langer bij elkaar waren, maar door bij voorbeeld volkomen onverwacht en dus duidelijk spontaan te zeggen dat je zo van haar houdt, elke dag met haar een geschenk vindt, maar met name verbaasd bent dat ze je na al die tijd nog elke keer zo opwindt (blijf die seks-angle werken!). Of door haar mee te tronen naar een leuke Europese wereldstad of koket Waddeneiland. Of door mooie presentjes te laten bezorgen (op haar werk! Kun je meteen controleren of ze het aan je vertelt. Zo niet: vrijer-alert!).

Volg je deze richtlijn naar de letter, zou je in principe in staat moeten zijn een wederzijds bevredigende seksrelatie met je partner te onderhouden, en dat maakt het co-ouderschap vele malen eenvoudiger en een draaglijke zaak.

WE WENSEN JE HEEL VEEL GELUK EN SUCCES!

SHIT.... TEPELHOEdje VERGETEN!
LE BABY BAG
Les poop RANTS
Le BOTTLE

DINGEN DIE JE GAAT HOREN, MAAR WAAR JE NIET BANG VAN HOEFT TE WORDEN

VLUCHTKOFFER: Klinkt vrij spannend en mildcrimineel, maar het is gewoon een tasje met spullen die je meisje nodig heeft in het ziekenhuis. Verder niks engs, denk aan dingen als een paar luiers, een oplader voor je telefoon en pyjama.

ZWANGERSCHAPSMASKER: Pigmentvlekken in het gezicht door hormonen. Ziet er niet tof uit, maar beter zwijg je erover. En ze trekken vaak weg, dat ook.

ZWANGERSCHAPSLIJN: Donkere streep op de buik van zwangere vrouwen. Wederom door hormonen. Zie hierboven.

DOULA: Een vrouw die begeleiding biedt tijdens de zwangerschap en bevalling. Een soort coach, zeg maar.

HYDROFIELE LUIER: Moeilijk woord. Slaat nergens op, want simpel gezegd een doek die letterlijk alles absorbeert en overal voor gebruikt kan worden. Geenszins een luier, dus wie die term bedacht heeft, krijgt straf.

STRIPPEN: Nee, vader, niet dat soort strippen. Betekent in dit geval het inwendig opwekken van de weeën door de verloskundige. Je hoeft hier als vader niet bij te zijn, is ons advies.

TEPELHOEDJE: Klinkt gezellig, maar is met name bedoeld om de tepel te beschermen voor de borstvoeding.

OXYTOCINE: Nog een lastige. Is echter niet veel meer dan een soort knuffelhormoon voor de sociale binding tussen moeder en kind.

VLOKKENTEST: Gebeurt tijdens de zwangerschap en spoort chromosoomafwijkingen op, zoals het syndroom van Down.

COLOSTREUM: Eerste aanzet van vloeistof uit de borst als voorbode borstvoeding. Wij hebben ze niet bedacht, hè, die woorden.

VOORAF

Hoe heten je zoons en hoe oud zijn ze?
'Randy is 17 en Julian 10.'

Hoelang ben je al samen met hun moeder?
'Al 27 jaar, waarvan bijna 22 getrouwd.'

Wil je nog meer kinderen?
'Ik wilde er maar één. Daarom zit er zoveel leeftijdsverschil tussen. De tweede was eigenlijk niet gepland, maar we zijn er heel blij mee.'

VADER WORDEN

Was je een beetje een held bij de bevalling of stond je sigaren te roken op de gang?
'Nee, ik was er niet bij. Dat wilde ik niet. Toen mijn vrouw en ik verkering hadden, zei ik al: stel dát, dan ben ik niet bij de bevalling. Zo'n beeld uit films vond ik mooi, dat de man op de gang liep te ijsberen, en er ineens een dokter naar buiten kwam: 'Congratulations! It's a boy!' Heel Amerikaans. Randy werd in het ziekenhuis geboren, toen stond ik ook zo op de gang.
De tweede bevalling was thuis: ik beneden, mijn vrouw was boven aan het bevallen. Vanuit de keuken was ik assistent: heet water maken,

doekjes aangeven, van alles. Wat meespeelde, was haar sterke band met haar moeder. Die was overgevlogen uit Suriname om haar dochter te helpen bij de bevalling. Dat vond ik mooi: twee generaties, moeder en dochter, brengen samen nieuw leven. Voor haar was haar moeder een prima vervanging voor mij.'

Wat was het eerste wat je dacht toen je je baby in je armen had?
'Weet ik niet. Ik ben een rare jongen, best nuchter. Niet dat het me niks deed, maar ik ben niet het type dat dan een traantje laat en oeh, schattig, nee. Mijn vrouw is ook niet zo sentimenteel. Daarna heb je gewoon een baby en dat is cool: het is jouw kind. Natuurlijk, die gevoelens heb je, maar er was geen alles veranderende gedachte. Natuurlijk verandert er veel, maar dat gaat geleidelijk. Mijn theorie: vader ben je niet vanaf het moment dat je kind geboren wordt. Dat word je geleidelijk, in de periode daarna. Dan pas ga je aan jezelf merken: hé, na de show ging ik altijd wat drinken met vrienden in de stad. Nu ga ik na de show naar huis, zodat ik 's ochtends vroeg bij m'n kind kan zijn. Zo groei je tot vader en wordt je agenda langzaam anders ingevuld.'

Is je leven beter of slechter nu je vader bent?
'Als het goed is, past een kind prima in het leven dat je al had en kun je niet praten over beter of slechter. Natuurlijk kan ik zeggen: voorheen konden we ieder moment op vakantie, hoefden we geen rekening te houden met school. Dat is een voordeel. Maar ik kan ook zeggen: het boek dat ik heb geschreven, de helft van mijn shows, het materiaal dat ik heb, heb ik allemaal kunnen maken dankzij mijn zoons. Ik kan me niet voorstellen dat ze er niet zouden zijn.'

Ben je gezonder of verstandiger geworden door je kinderen?
'Gezonder niet. We aten elke zaterdag shoarma, ik rookte tot negen jaar geleden. Maar je maakt wel verstandigere keuzes, zowel op korte als op lange termijn. Ze moeten 's ochtends vroeg naar school. En je wilt iets voor ze achterlaten, in de toekomst.'

Heb je nog wel tijd voor jezelf, om met vrienden naar de kroeg te gaan, voor sport en werk?
'Ja, wij namen ze overal mee naartoe. En gelukkig zijn die vrienden gebleven, ondanks mijn kinderen. Veel van mijn vrienden hebben geen kinderen, dus mijn zoons zijn bijna hun kinderen geworden.'

DE KINDEREN

Wiens idee was het om een kind te krijgen?
'We trouwden in 1995, maar hadden afgesproken: we worden geen getrouwd stel. Ons leven gaat gewoon door. Gezellig. We lieten ons niet onder druk zetten. Als je getrouwd bent, vragen mensen zich meteen af wanneer de kinderen komen, maar we waren 22, hadden zin in het leven. We dachten: het komt wel, of niet. Een paar jaar later kwam mijn vrouw erachter dat ze vijf maanden zwanger was – we zagen laatst foto's uit de periode vlak voordat ze dat ontdekte. Ze zei: zeg eerlijk, hoe wist ik niet dat ik zwanger was? Daarna moesten we heel snel de babykamer gaan schilderen. Zo is ons leven: een beetje raar, we zien wel, het komt wel, flexibel. Achteraf zeiden we: het is goed dat het zo is gegaan. Voor haar gevoel heeft ze de baby maar vier maanden gedragen. Gelukkig rookte en dronk ze niet.'

Hield je überhaupt van kinderen?
'Nee. Niet dat ik er een hekel aan had, maar ik dacht bijna nooit over kinderen na. Toen mijn vrouw en ik elkaar leerden kennen, op ons zeventiende, waren we zelf nog kind. We deden gekke dingen en dat kon: we waren tieners. We zijn samen volwassen geworden. Tien jaar nadat we elkaar ontmoetten, kregen we ons eerste kind.'

Wat vinden je kinderen van jou?
'Volgens mij vinden ze het wel leuk met mij. Ze kunnen met me lachen, we hebben lol. Ik ben niet de strengste vader die er is. Er zijn strikte basisregels en die blijven mijn vrouw en ik constant bijstellen, maar ze mogen heel veel.'

Lijken ze op jou of op hun moeder of op de melkboer?
'Die grote lijkt op mij en die kleine op z'n moeder. Mijn vrouw is een nerd en dat gedrag zie ik terug in de jongste: hij is ijverig, komt uit school en gaat meteen uit zichzelf huiswerk maken. Hij zet zelfs zijn wekker een uur eerder als hij een toets heeft en smeert vaak zelf z'n boterhammen. We zouden 's ochtends eigenlijk in bed kunnen blijven liggen, hij kan zelf weg. Randy moet je alles tien keer zeggen en daarin herken ik mijzelf.'

Wat is het mooist aan vader zijn?
'Het wordt steeds mooier. Je merkt dat het beter wordt naarmate je kunt levelen. Die oudste is nu echt m'n buddy. Die kleine ook, maar op een andere manier. Met mijn oudste zoon praat ik nu over vrouwen, het leven. Hij komt naar me toe met vragen over vriendinnetjes. Dat hij niets wil

'Mijn vrouw en ik kijken elkaar weleens aan en dan zeggen we: eigenlijk zijn wij niet gemaakt voor kinderen.'

vastleggen, want die en die zijn er ook nog. Dan zeg ik tegen 'm: je kunt toch niet met ze alle drie zijn? Dat soort gesprekken kan ik nu met hem voeren. Zijn leeftijd vind ik het mooist, zeker omdat het een jongen is.'

En het lastigst?
'De verantwoordelijkheid die je constant hebt. En de angst dat er iets met m'n kinderen gaat gebeuren. Je kunt ze ook niet thuis laten als een soort veilige gevangenis. Je kunt ze constant van alles leren, maar wat ze op straat doen, heb je niet in de hand. Zelfs de best opgevoede kinderen doen weleens domme dingen.'

MOEDER DE VROUW, DE LIEFDE

Veranderde je vrouw sinds ze moeder werd?
'Volgens mij niet heel erg. We hadden al afgesproken dat we ons eigen leven zouden blijven leiden, dat we geen typische papa en mama zouden worden. Op een feestje gingen we niet naar huis omdat Randy slaap had. Nee, dan legden we hem daar ergens neer, op een kamer tussen alle andere slapende kinderen. Na afloop kwam je je kind zoeken, als een soort jassen in de garderobe. Zo maak je je kinderen flexibel. Als ze alleen in hun eigen bed kunnen slapen, is dat hoe jij ze hebt gemaakt. Mijn moeder zei altijd: een kind krijg je niet voor straf. In die zin: je hebt zelf ook een leven en dat wordt niet ineens bepaald door een kind. We kijken elkaar weleens aan en dan zeggen we: eigenlijk zijn wij niet gemaakt voor kinderen. Als we naar andere ouders kijken, doen wij het helemaal niet goed. We hebben onze kinderen altijd overal mee naartoe genomen. Vanaf nul jaar reisden we al de wereld met ze rond. Het enige nadeel daaraan is dat ze nu reisverslaafd zijn. Toen Julian vijf weken was, zat hij al in het vliegtuig naar Suriname. Toen Randy nog baby was, namen we hem al mee naar New York, waar mijn zus woont. Hij at tussendoor in winkels, zijn luier stonden we achter een bushokje midden in Manhattan te verschonen en 's avonds om tien uur kwamen we weer thuis bij mijn zus. Sterker nog: door de kinderen zijn we méér gaan reizen. Als je ze maar op tijd vol gooit met eten, dan slapen ze wel in het vliegtuig. Dus nee, we zijn allebei niet veranderd.'

Seks, wilde dat nog een beetje?
'Oh jawel hoor. Er moet veel gebeuren wil ik daarmee stoppen. Dus ook dat hoeft niet te veranderen door kinderen. Mijn schoonmoeder zei: na een uur of acht is het kind naar bed en heb je tijd voor jou en je vrouw. Veel ouders maken de fout hun kinderen veel te lang wakker te houden. Als die kinderen dan eindelijk slapen, heb je geen tijd meer. Dan heeft het kind je leven overgenomen en dat mag absoluut niet gebeuren. Het kind hoort zich aan te passen aan jouw leven. Ik ben blij dat we die tips van mijn ouders

'Je kinderen mogen je leven niet overnemen. Het kind hoort zich aan te passen aan jouw leven.'

en schoonouders hebben gehad. We hebben de kinderen ook meteen afgeleerd bij ons in bed te slapen. Twee avonden hebben we ze laten huilen in hun kamer – dat doet pijn hoor, als je dat hoort. Maar het heeft gewerkt: twee nachten en ze kunnen alleen slapen.'

Heb je advies voor collega-mannen om de boel, indien ingedut, weer vlot te trekken?
'Je bent toch gewend samen met je vrouw te slapen? Daar moet niet ineens altijd een klein ding tussen komen liggen. Oprotten, naar je eigen kamer.'

Is een kind een goed accessoire voor je aanzien als man?
'Toen Randy klein was en ik met hem ging lopen, kreeg ik aandacht, ja. Vrouwen gingen met me praten. Als ik nu met hem loop, ben ik die oude man, want ik heb al een bijna-volwassen zoon. Zou ik nu met een baby'tje gaan wandelen, dan ben ik weer die coole man. Het is dus maar net hoe oud je accessoire is.'

ZORGEN

Wie zorgde thuis het meest voor de kinderen?
'Mijn vrouw. Ik was en ben nog steeds veel aan het werk. Voordeel is dat er één persoon het beleid uitstippelt. Aan de andere kant wordt er een bond gekweekt waar jij geen deel van bent. Sommige dingen zijn allang beklonken en dan kom ik thuis met een opmerking die totaal in strijd is met wat ze met hun moeder hadden afgesproken. Dan sta je buitenspel, want ik was er niet bij. Met vragen gaan ze naar mama, niet naar mij.'

Hoe is de oppas geregeld?
'Dat doet familie. Mijn vrouw en ik gaan nog steeds twee keer per jaar met z'n tweeën weg. Dan komt er een nicht, die het heel goed met ze kan vinden. Verder hebben we geen oppas nodig: mijn vrouw werkt altijd vanuit huis. Mijn taak is alleen maar grappig zijn.'

Wat is jouw stijl van vaderschap?
'Doen alsof ik niks hoor wanneer mijn vrouw ze iets probeert te leren. Als die grote stout is geweest, weet ik dat ik mijn mond moet houden. Als ik wel iets zeg, is de aandacht op mij gevestigd. Ik hoef ook niet streng te zijn. We hebben best geluk gehad met zulke relaxte kinderen. Ze doen geen gekke dingen.'

PRAKTISCH

Vakantiebestemming met kinderen?
'New York vinden ze leuk, omdat ze daar twee neefjes hebben. Naar Suriname gaan we ook vaak, omdat we daar nog vrienden en familie hebben. Randy heeft zijn eigen vriendenkring daar en wil tegenwoordig alleen nog maar naar Suriname.'

Favoriete kinderboek?
'Toen ikzelf kind was, waren in Suriname de Anansiverhalen heel populair. Dat was een reeks met een superslimme spin als held. Mijn moeder heeft mijn kinderen nog wel een paar van die verhalen voorgelezen, maar die verhalen zijn veel te langzaam voor deze tijd.'

Favoriete kinder-tv?
'Julian keek vaak *The Suite Life of Zack & Cody*. Daar kan ik zelf ook om lachen.'

Favoriete kindereten?
'Het lievelingseten van die kleine is sushi. Hij probeert alles. Laatst bestelde hij in een restaurant oesters, gewoon omdat ie benieuwd was. Hij vond het nog best lekker ook. Ik ben totaal het tegenovergestelde: ik ben 44 en eet nog steeds niet alles.'

Wanneer mag een kind mee uit eten?
'Direct. Wij hebben geen huishouden waar elke dag gekookt wordt. Tot een halfjaar geleden gingen we drie, vier keer per week uit eten. Nu zijn we gezonder gaan eten en meer gaan sporten, daarom koken we meer zelf. Onze keuken weet niet wat ie meemaakt, die is nog nooit zoveel gebruikt.'

Voorbeeldvader?
'Bill Cosby, in de serie. Hij had humor, maar was waar nodig serieus.'

WAT IS JE ULTIEME PAPA-TIP?

'Niet zo gestrest doen. Ik probeer mijn kinderen niets te verbieden, maar ze te leren omgaan met. Als je ze iets verbiedt, gaan ze het doen waar jij niet bij bent. Randy had vanaf zijn achtste al een mobiele telefoon, zodat hij onderweg naar school kon bellen als er iets was. Daarvan heeft hij nooit misbruik gemaakt, omdat we hem goed hebben uitgelegd hoe hij ermee moest omgaan en wat de risico's waren. Nu kom je niet meer onder smartphones uit: roosters en huiswerk ontvangen ze nu allemaal digitaal. Dan kun je ze beter leren hoe ze met social media moeten omgaan, dat ze geen vreemde mensen mogen accepteren, dan dat je ze die gaat verbieden. Dus mijn tip: niets verbieden. En af en toe meedoen in die gekte, dat vinden kinderen leuk. Nu is dat voor mij niet zo moeilijk, want ik doe nog steeds dezelfde dingen als mijn oudste zoon. Ik laat mijn schoenen ook rondslingeren. Eigenlijk ben ik nooit ouder geworden dan zeventien.'

K*T VAD

GOUDEN TIP

WEES KRITISCH OP JE EIGEN KIND

Kun je eigenlijk een hekel hebben aan je bloedeigen kind? Als je sommige kinderen ziet, kun je het je prima voorstellen. Je zult maar ouder zijn van zo'n duivelskind dat al op de crèche andere baby's bijt, zo'n etterbuil die op de basisschool zwakkere kinderen terroriseert. Zo'n onhandelbaar stuk vreten dat niks lust en alles uitspuugt, zomaar dingen stukgooit en keihard tegen je schreeuwt dat je een k*tvader bent. Dat kan toch geen lolletje zijn.

Of zou je het niet doorhebben, als ouder, dat je kind een klerelijer is? Het is moeilijk voor te stellen. Maar toch halen jaarlijks bosjes ouders de krant omdat ze een leerkracht hebben gemept die het had gewaagd hun lieve-jongen-van-ze-moeder de klas uit te sturen of een onvoldoende te geven. Kennelijk zijn mensen dan toch blind voor de slechte kanten van hun kind, al staat hij bij wijze van spreken met een honkbalknuppel in de hand gebogen over het bloedende kadaver van een klasgenootje.

Blinde ouderliefde, daar wordt altijd zo superromantisch over gedaan, maar ik vraag me af of dat nou wel zo verstandig is. Onze buurvrouw vertelde laatst: 'Ik ga er altijd van uit dat er twee schuld hebben en geef dus eerst mijn eigen kind een flinke preek als er iets is gebeurd. Zo ging dat vroeger altijd, je kreeg eerst een pak op je donder en dan werd er pas gevraagd wat er eigenlijk aan de hand was.'

Ik vind dat wel een sympathieke kijk op de zaak. Natuurlijk kan het zijn dat je kind volledig onschuldig was en alleen maar toekeek toen zijn vriendjes snoepjes pikten bij de supermarkt, maar het kan geen kwaad hem toch aan een derdegraads kruisverhoor te onderwerpen en in zijn oren te knopen dat stelen fout is en wee zijn gebeente als je hem er ooit op betrapt!

Let wel: natúúrlijk moet een kind zich veilig en gekoesterd voelen, natuurlijk mag een kind rekenen op bescherming en steun. Natuurlijk moet je een kind niet voor iedere wissewasje drie uur opsluiten in het Harry Potter-kastje onder de trap. Maar ik denk wel dat we zijn doorgeslagen in de onvoorwaardelijke liefde voor, kritiekloosheid jegens, en heiligenverering van, onze kinderen.

Kinderen doen namelijk ook dingen fout en hebben karaktereigenschappen die correctie behoeven voor het te laat is. Kinderen mogen af en toe best voelen dat je de liefde van je ouders ook moet verdienen. Anders zit je op een gegeven moment gegarandeerd met een kind waar je een pesthekel aan hebt. En dat moet heel akelig zijn.

'DE EERSTE DRIE MAANDEN ZIJN ALTIJD KUT: BIKKELEN EN MOE ZIJN!'
BEKENDE VADERS

WIE? **Meneer Wat-eet-ons**

WAT? **Schrijver**

VOORAF

Hoe heet je dochter & hoe oud is ze?
'Rozemarijn. Ze is twaalf.'

Ben je nog met haar moeder?
'Nee, anderhalf jaar geleden zijn we gescheiden. We zijn vierentwintig jaar samen geweest, waren *high school sweethearts* maar op je veertigste ben je niet meer wie je was als zestienjarige. Dan kan het gebeuren dat je niet meer bij elkaar past.'

Wil je nog meer kinderen?
'Nee, we wilden allebei maar één kind. Dat is altijd zo gebleven. Ik ben heb lang gewerkt als kinderpsycholoog en hoorde vaak dat het niet goed voor een kind zou zijn om zonder broers of zussen op te groeien. Ik ben de literatuur ingedoken, maar er bleek weinig van waar te zijn. We wilden maar één kind zodat we allebei ook een eigen leven overhielden. We dachten dat dat anders hard achteruit zou gaan en ik geloof nog steeds dat we daar gelijk in hadden. Ik denk ook niet dat het levensgeluk exponentieel omhoog zou zijn gegaan met meer kinderen.'

Was je een beetje een held bij de bevalling?
'Ach, ik heb ook gewoon gejankt, net als iedereen. Zeker geen held dus, maar ik ben ook niet flauwgevallen.'

VADER WORDEN

Wat was het eerste wat je dacht toen je je baby in je armen had?
'Ik weet nog wel wat ik zei toen mijn ex vertelde dat ze zwanger was. Om drie uur 's nachts maakte ze me wakker. 'Oh shit', was mijn eerste reactie. Achteraf niet mijn allersterkste opmerking. Het was wel gepland, maar op dat moment dacht ik: oké, nu is het dus aan. Vanaf nu wordt alles anders. De geboorte ging niet heel soepel. Op zo'n ziekenhuisschermpje stond: "om zo laat moet het geboren worden, anders moet mbo overwogen worden". Het betekende microbiologisch onderzoek, maar we hebben er veel grappen over gemaakt, dat ze op het mbo terecht zou komen. Gelukkig werd ze op tijd geboren, maar nu heeft ze toch vmbo-advies.'

Is je leven beter of slechter nu je vader bent?
'Ik hoop dat ik niet te clichématig klink, maar het is wel iets dat je iedereen gunt om te ervaren. Voor mij is één keer prima, daar ben ik content mee, het hoeft niet nog een keer. Maar je leert meer empathisch te zijn, rekening te houden met anderen, andermans belangen boven je eigen belang te stellen, je leert wat écht houden van is. Dat zijn verrijkingen. Werkelijk alle fases die ze heeft doorlopen – met uitzondering van de eerste drie maanden

– waren leuk, allemaal op een andere manier. Ik kan niet wachten tot ze straks in de puberteit komt.'

Ben je gezonder en verstandiger geworden door je dochter?
'Gezond was ik al, dus niet gezondér. En ik denk ook niet verstandiger. Ik leidde geen dusdanig rock-'n-roll-leven dat ik dat nu niet meer doe. Het voordeel van maar één kind hebben, en zeker van een parttime kind hebben, is dat je nog steeds de helft van de week ongezond en onverantwoordelijk kunt zijn. Haar moeder woont hier tien minuten fietsen vandaan, daar is ze de helft van de week. Wát een genot. Ik houd zielsveel van mijn dochter, maar twee, drie dagen per week is ideaal. Net als dat ik vrienden of een geliefde zat ben na een dag of twee, drie.
Als ze er is, ben er ik volledig voor haar, en in de dagen dat ze er niet is, ben ik veel aan het werk: workshops geven, schrijven. Om me volledig te kunnen storten op de dingen die ik wil, heb ik een zekere monomaanheid nodig. Dat heeft in het verleden tot botsingen geleid. Omdat er altijd een vrouw of kind in de buurt was, kon ik me niet concentreren op mijn werk. Maar ook niet op mijn vader- en partnerschap. Dat schuurde en botste. Nu kan ik als een idioot veertien uur achter elkaar werken.'

Had je in het begin nog wel tijd voor jezelf? Voor vrienden, sport?
'Zes weken na haar geboorte zijn mijn ex en ik met zijn tweeën naar Spanje gegaan om onszelf te dwingen ons leven samen weer op te pakken.'

Zag je er nog wel een beetje normaal uit of liep je rond als een levend kotsdoekje?
'Vast wel een poosje. De eerste drie maanden zijn altijd kut: bikkelen en moe zijn. Maar ik kijk daar niet op terug als een dramatische periode.'

DE KINDEREN

Wiens idee was het om een kind te krijgen?
'Meer die van mijn partner. Zij had de behoefte en ik was de labbekakkerige vent met laf uitstelgedrag. Maar je kunt ook niet hardmaken wanneer je het dan wel wilt, dus op een gegeven moment moet je ophouden met zeiken en het gewoon doen. Nadat zij het initieerde, heb ik een week bedenktijd gevraagd en toen zei ik: oké, let's go. Twee weken later stond ze op zaterdagnacht al naast m'n bed met twee blauwe streepjes. Achteraf weet ik dat het geen verschil had gemaakt als ik nog jaren had gewacht. Er was geen moment geweest waarop het perfect uitkwam. Het komt nooit goed uit. Je kunt wel gaan zitten wachten tot je tweeënveertig bent, maar dit was net zo'n goed of net zo'n kut moment als elk ander.'

Houd je überhaupt van kinderen?
'Ik ben kinderpsycholoog geworden omdat ik zo goed met kinderen kan omgaan en daar veel plezier aan beleef. Als ik in de tram zit, heb ik altijd leuke één-tweetjes met kinderen. Kinderen vertrouwen mij snel, ik kan goed met ze praten en me goed in hun niveau verplaatsen. Daarom maakte ik mijn werk ervan. Anderhalf jaar geleden ben ik ermee gestopt, omdat het werk dat ik nu doe dusdanig uit de klauwen liep dat ik een keuze moest maken. Ik heb voor mijn werk als schrijver gekozen, omdat de zorg ook gepaard gaat met bergen administratie, zorgverzekeringen en stress.'

Mis je het contact met kinderen niet?
'Af en toe wel. Het is heel dankbaar werk om te ouwehoeren met kinderen en gezinnen te kunnen helpen, al is het maar een klein beetje. En ik kon voetballen op mijn werk!'

Wat vindt je dochter van jou?
'Ze heeft net via Instagram en WhatsApp al haar vriendinnen verteld dat er een fotograaf kwam én

'Dat is het lastigst aan mensen met wie je samen leeft: dat ze nooit weggaan'

iemand die mij ging interviewen. Ze is erg trots en een beetje opschepperig als ik in de krant sta of een workshop geef in *Boer Zoekt Vrouw*. Daarmee pocht ze graag.'

Wat vind jij daarvan?
'Dat is leuker dan dat ze je heel vervelend vindt. Ik vind het wel schattig. Ze is verder een zeldzaam makkelijk kind, belachelijk zelfstandig. Ik heb er geen omkijken naar. Ik check regelmatig bij haar hoe ze de situatie nu vindt, want voor haar is zo'n scheiding natuurlijk niet tof om mee te maken. Ik geloof dat ze netto de voordelen groter vindt dan de nadelen: twee huizen, twee keer zoveel verjaardagen, twee keer zoveel cadeautjes en dat zonder ruzie tussen haar moeder en mij.'

Lijkt ze op jou, op haar moeder of op de melkboer?
'Qua uiterlijk lijkt ze meer op haar moeder. Ze heeft hetzelfde rossige haar, alhoewel mijn ex die kleur dankt aan een verfpotje. Haar innerlijk lijkt misschien ook wat meer op dat van haar moeder: voorzichtig, terughoudend. Ik ben meer flamboyant en *outgoing*. Hoewel ze nu wel naar een theaterschool wil. Die behoefte om gezien te worden heeft ze van mij.'

Wat is het mooist aan vader zijn?
'Dat je van zo dichtbij mag meemaken hoe een mens ontstaat en gevormd wordt. Dat is supergaaf. En je kunt er zelfs nog een beetje invloed op uitoefenen. Dat vind ik een voorrecht en tegelijkertijd een grote verantwoordelijkheid.'

En het lastigst?
'Dat ze er altijd was. Dat is überhaupt het lastigst aan mensen met wie je samenleeft: dat ze nooit weggaan. Daarom is het zo ideaal dat ik nu een paar dagen per week een goede vader kan zijn, maar niet non-stop. Meerdere kinderen hebben kan ik me ook echt niet voorstellen, ik zou dat niet trekken. Te veel prikkels, te druk.'

MOEDER DE VROUW, DE LIEFDE

Is je ex veranderd sinds ze moeder is?
'Tijdens de zwangerschap veranderde ze puur biologisch en hormonaal. Ze ging ineens om andere dingen janken of keihard lachen. Er kwamen stofjes vrij die haar persoonlijkheid veranderden. Na de bevalling samen naar Spanje gaan had tot doel het oude leven samen weer op te pakken. Als ik nu mensen spreek die een kindje verwachten en zeggen dat ze daarna hun dingen nog wel blijven doen, dan denk ik: dat zullen we nog weleens zien. Good luck.'

Seks, wilde dat nog een beetje?
'Ja. Ook daarin pakten we volgens mij snel de draad weer op.'

Heb je advies voor collega-mannen om de boel, indien ingedut, weer vlot te trekken?
'Als je gaat zitten wachten tot het spontaan gebeurt, dan gaat er niets gebeuren. Je moet er werk van maken of het plannen, zoals je alles moet plannen als je kinderen hebt. Spontaan naar Ibiza vliegen? Forget it. Het is suf, maar dan plan je gewoon in het voorjaar dat je in oktober op vakantie gaat. Dat geldt ook voor seks. Je moet niet gaan zitten wachten tot de vlammen van romantiek uitslaan.'

Is een kind een goed accessoire voor je aanzien als man?
'Uiteindelijk vond ik dat nogal tegenvallen. Je hoort dat de vrouwen over je heen vallen als je met je draagzak door het Vondelpark loopt. Het trok wel veel oma's aan, maar verder was ik daarin danig teleurgesteld. Maar daar heb ik niet verschrikkelijk onder geleden hoor.'

ZORGEN

Wie zorgde thuis het meest voor je dochter: jij, de moeder of de oppas?
'We hadden een vijftig-vijftigverdeling met vrij nemen van werk, en dat hebben we nog steeds. Omdat ik toch wat meer behoefte heb aan rust en terugtrekken, denk ik dat zij feitelijk wat meer deed.'

Hoe is de oppas gehosseld?
'Buurmeisjes kwamen weleens een avondje. Eén daarvan heeft tot tweemaal toe het huis leeggeroofd: bh's en make-up van mijn ex, de snoeppot, de sleutel van een kast, zodat ze thuis de kast van haar zus kon openmaken... Honderd procent duidelijk wie dat gedaan had natuurlijk. Tamelijk ongemakkelijk als je elkaar dan tegenkomt voor de deur. We brachten Rozemarijn ook weleens een weekendje naar schoonouders, maar een vaste oppas hadden we niet.'

Was er een rolverdeling thuis?
'Je hebt zo je voorkeuren, maar ik heb altijd getracht om ook de toiletten schoon te maken. Koken deed ik altijd. Daarin had ik een intimiderend effect op mijn ex, die niet zo van koken hield. Verder was de zorg keurig hedendaags gelijk verdeeld.'

Wat is jouw stijl van vaderschap?
'Als kinderpsycholoog loop je het gevaar dat je een trucje gaat uitoefenen. Dan is het niet meer natuurlijk. Het is me altijd gelukt om dat te voorkomen en om thuis de psycholoog in mij uit te schakelen. Ik probeer een redelijk losse ouderschapsstijl te creëren, haar veel eigen verantwoordelijkheid te geven. Dat kan ze goed aan. Ze vindt mij iets strenger dan ze haar moeder vindt. Ze heeft hier taakjes, zoals de rattenhokken schoonmaken, dinsdag moet ze koken en zelf een menuutje verzinnen en haar

kamer moet opgeruimd zijn voordat ze weggaat. Maar ik heb haar in geen acht jaar straf hoeven geven, dus ik weet niet of je dat streng kunt noemen. Het is nergens voor nodig geweest. Ik probeer veel te knuffelen, praten, samen op te bank te hangen en met haar te gamen.'

PRAKTISCH

Favoriete vakantiebestemming met kinderen?
'Ik ging juist zo min mogelijk met kinderen op vakantie. Dat hield ik gescheiden: ik op vakantie, mijn ex op vakantie. We zijn weleens met z'n drieën naar Thailand geweest, maar gezinsvakanties vond ik pittig. Laatst zijn Roos en ik met z'n tweetjes naar Parijs gegaan en afgelopen zomer gaf ik een vijfdaagse cursus in Italië, daar ging ze ook mee naartoe en de met-je-zestienjarige-dochter-naar-New-York-trip komt natuurlijk ook.'

Favoriete kinderboek?
'Eigenlijk vinden we gamen veel leuker dan lezen. Elkaar uitdagen en verslaan in domme racespelletjes. In de woonkamer heb ik een beamerwand. Er gaan zondagen voorbij dat de gordijnen dicht blijven en we de hele dag zitten te gamen op de PlayStation en elkaar zitten uit te schelden. Ze begint helaas steeds beter te worden dan ik.'

Favoriete kinder-tv?
'*De Buitendienst* mét Tom en Yannick! Dat zijn onze helden. We zaten altijd te wachten op nieuwe afleveringen, maar nu Tom en Yannick weg zijn, kijken we het niet meer en vinden we er geen reet meer aan. Sterker nog: onze tamme ratten zijn vernoemd naar Tom en Yannick.'

Favoriete kindereten?
'Ik heb ooit een manshoge pizzaoven gebouwd, waaraan ik drie jaar heb gewerkt. Na uren stoken heb je daaruit fucking goeie zelfgemaakte pizza's. Die zijn niet te versmaden. Ik ben natuurlijk kinderpsycholoog én culinaire kenner, maar ik heb een dochter die tot haar elfde níks lustte. Op allebei de fronten ben ik dus een mislukking.'

Wanneer mag een kind mee uit eten?
'Met de juiste bedwelmende middelen zoals een stripje en een computertje of spelletje mocht ze al op jonge leeftijd mee, zelfs als baby.'

Wie is jouw voorbeeldvader en waarom?
'Mijn eigen vader heeft het prima gedaan, maar het is niet dat ik me aan hem spiegel. Verder niemand. Iedereen rommelt maar wat aan. Net als ik.'

WAT IS JE ULTIEME PAPA-TIP?

'Doe het in ieder geval niet als Dries Roelvink.'

SPULLEN DIE JE LEVEN ALS VADER MAKKELIJKER MAKEN

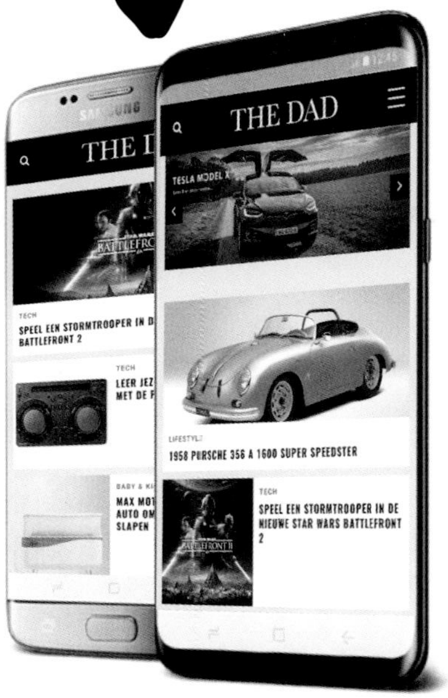

4

TIME TO GET THAT COOL!

5

TOY$ FOR BOY$

ÁÁTERRR

6

7

1. SAMSUNG GEAR 360 **2.** NINTENDO SWITCH **3.** SAMSUNG QLED TV **4.** SAMSUNG GALAXY S8 PLUS **5.** SAMSUNG GEAR S3 CLASSIC **6.** MINI COUNTRYMAN MET DAKTENT **7.** SAMSUNG WIRELESS AUDIO 360 SPEAKER R7

TOY$ FOR BOY$

DE MAN BAG VAN GOOSECRAFT
(WANT MANNEN DOEN
NIET AAN LUIERTASSEN!)

SELWYN TIPT

WAT DOE JE ALS EERSTE ALS JE HOORT DAT JE VROUW ZWANGER IS

- EEN NIEUW HUIS KOPEN
- BANKREKENING CHECKEN
- NIEUWE AUTO HOSSELEN
- 15 ZWANGERSCHAPSTESTEN HALEN: CHECK, DUBBELCHECK, CHECK AGAIN
- VIER HET MET STEAK TARTARE BIJ RON GASTROBAR - JE MEISJE EET BETER IETS WAT NIET RAUW IS
- DRINK RUINART BLANC DE BLANC. EEN FLES OF DRIE
- HEEL VEEL GEZOND ETEN HALEN (FRUIT) EN HELE DURE BIOLOGISCHE BLAUWE BESSEN
- MEDITEREN/TOT JEZELF KOMEN/ZOEKEN NAAR EEN GOEDE PSYCHOLOOG
- ZAKEN REGELEN BIJ DE NOTARIS
- BEL JE MOEDER

TOTAAL
OVERBODIGE
PLANT
EEN WOORD VAN ONZE PARTNERS

DE MEEST MANNELIJKE COOLKAST VAN HET UNIVERSUM

OOIT MOE

een KEER

AAN DE

BA

GOUDEN TIP

LEER JE KIND WAT WERKEN IS

Ik zeg het heus niet om op te scheppen, maar ik ben nogal intelligent. Altijd al geweest, ook als kind. Dezer dagen zouden ze mij waarschijnlijk 'hoogbegaafd' noemen, maar vroeger was je gewoon 'goed op school'. Wat zoveel wilde zeggen als: ik begreep alles snel, sneller dan gemiddelde kinderen en ik hoefde me niet al te zeer in te spannen om bij te blijven.

Mijn cito-score wees gek genoeg op havo-advies, maar de bovenmeester stak daar een stokje voor en stuurde me naar het Atheneum. En hij had gelijk, want ik haalde in zes jaar, nog vóór mijn achttiende verjaardag, mijn diploma, allemaal voldoendes, niks aan de hand, want ik had ook nog een pretpakket en was goed in opstellen, luistertoetsen en samenvattingen.

Ik ben dus op een waakvlammetje door de basis- en middelbare school gesukkeld. En dat was achteraf jammer. Ik had namelijk iets heel belangrijks niet geleerd: dat je soms in het leven een echte inspanning moet leveren om iets te bereiken. Ik was er onbewust van uitgegaan dat de rest van mijn leven net zo rimpel- en moeiteloos zou verlopen als de tijd op school. Niets bleek natuurlijk minder waar. Ooit moet je een keertje aan de bak.

Ik wilde daar niet aan en voelde me hevig te pakken genomen; niemand had me ooit uitgelegd dat de dingen weleens moeilijk, tijdrovend en vermoeiend zouden kunnen zijn. Uiteindelijk kwam er zelfs intensieve therapie aan te pas, voor ik leerde te aanvaarden dat leven ook werken is.

Ik verwijt mijn lieve ouders niets, maar ik had graag gezien dat zij me wat harder achter de vodden hadden gezeten. Dat ze me hadden leren inzien dat een acht leuker is dan een zes, dat je best doen een beter resultaat kan opleveren en vooral: dat inspannen normaal is, leuk kan zijn en je achteraf een bevredigend gevoel kan geven.

Het heeft me inmiddels als vader al behoorlijk wat moeite gekost mijn twee oudste zoons een beetje arbeidsethos bij te brengen en ik ben vastbesloten nummer drie al veel eerder aan te pakken. Die arme jongen zal zich de poten uit het lijf moeten lopen, straf krijgen voor ieder cijfer onder de zes, en een baantje moeten nemen om te leren voor zichzelf en zijn pleziertjes te betalen. Want dat is misschien wel even naar voor dat kind, maar niet zo naar als een luie slapjanus zijn. Met een IQ van 176, dat dan weer wel. Als hij tenminste naar zijn vader aardt.

OPVOEDEN IN TIJDEN VAN TINDER

Twee keer klikken en je zit vuistdiep in extreme porno, tien keer swipen en je kunt op booty call bij een volkomen vreemde. Niets is meer heilig en de seks ligt op straat. Hoe kun je in gódsnaam je kinderen in deze tijd nog de beginselen van een liefdevolle relatie bijbrengen? Of is dat ouderwets? Jan Heemskerk duikt in de materie.

‘WAT IS EEN GOEDE RELATIE? JE KUNT IEMAND HEEL AANTREKKELIJK VINDEN, MAAR VOOR EEN GOEDE RELATIE IS TIJD EN GEDULD NODIG. HET GAAT VAAK GOED ALS: JE DEZELFDE OPVATTINGEN DEELT; JE ELKAARS MENING RESPECTEERT; HETZELFDE GEVOEL VOOR HUMOR HEBT; ELKAAR VERTROUWT; JE NIET JALOERS OF BEZITTERIG BENT; TOEGEEFT ALS JE WEET DAT JE FOUT ZIT; ELKAARS FOUTEN ACCEPTEERT; AARDIG VOOR ELKAAR BENT; LEUKE DINGEN DOET, ELKAAR HELPT; NAAR ELKAARS PROBLEMEN LUISTERT; GEDULD HEBT VOOR ELKAAR; ELKAARS VRIENDEN EN FAMILIE ACCEPTEERT; JE SPONTAAN DINGEN DOET VOOR DE ANDER ZONDER ER IETS VOOR TERUG TE VERWACHTEN.’

Razendknap hoe in twee zinnen zowel de nuchtere eenvoud als de oneindige complexiteit van een geslaagde relatie uit de doeken worden gedaan. Bovenstaande passage is dan ook niet van mijn hand, maar komt uit het boek *Seks, Puberteit en al dat Gedoe* van Jacqui Bailey en Jan McCafferty, uitgegeven door uitgeverij Van Goor, in samenwerking met de Rutgers Nisso Groep, vroeger beter bekend als de Rutgers Stichting, waar je als tiener terecht kon voor de pil als je bang was dat de huisarts aan je moeder zou verklappen dat je stiekem al neukte.

Ik was eerlijk gezegd vergeten of, en zo ja, hoe we onze drie zoons officieel hadden voorgelicht over de wondere wereld van liefde en seks. Dus ik vroeg het aan mevrouw Heemskerk, die dus binnen drie minuten scharrelen voor de dag kwam met een beduimeld exemplaar van *Seks, Puberteit en al dat Gedoe*, dat ze ooit (2004) had gekocht toen de oudste twee een jaar of twaalf waren, en dat ze vorig jaar in een stuk of tien voorleessessies aan onze jongste had voorgeschoteld.

Mevrouw Heemskerk wist zich nog te herinneren dat er vooral veel gierend werd gelachen tijdens het voorlezen, met name natuurlijk bij het onderdeel ‘geslachtsorganen’, die met de welbekende opengewerkte lijntekeningen onschuldig maar in uitputtend detail in beeld waren gebracht. Maar tussen alle grappen en grollen had junior toch ook belangstellend kennisgenomen van alle verwarrende gevoelens die hem te wachten stonden, het bestaan en voorkomen van tienerzwan-

PAAR JAAR AANKLOOIEN
MET JE WIL EN VOLDOET
HYGIËNE, DAN KUN JE ZO
ALS JE BENT UITGERAASD,
EEN BLIJVERTJE.

gerschappen, het hoe en wat van orale seks, dat homo's net zo aardig en normaal zijn als hetero's, over voorbehoedmiddelen en soa's, en de communicatieve onzekerheden en eigenaardigheden in de paringsdans tussen jongens en meisjes.

Ik bladerde het boek zelf eens door. Inderdaad: grappig, informatief en vooral: liefdevol. Maar als ik het in de tijd had moeten plaatsen: 1975. Het kwam me allemaal erg bekend voor uit mijn eigen jeugd, mijn eigen seksuele voorlichting, want zo heette dat toen. Om mijn gevoel te toetsen, belde ik mijn vader om te vragen of, en zo ja hoe, ze mij hadden voorgelicht. Hij wist het niet meer en gaf de telefoon aan mijn moeder – ook in die zin was er in dertig jaar kennelijk niets veranderd. Mijn moeder wist het nog wel. Mijn vader was weer eens op zakenreis, mijn broertje had mijn moeder zien sjouwen met een pak maandverband en had gevraagd waar dat voor was.

En zo had mijn moeder – ze zag het nog zó voor zich – ons tijdens een heerlijke pot zuurkool (met ananas, dat was toen zo) liefdevol maar kordaat verteld waar de baby's vandaan kwamen, dat je je piemel in de plasser van een meisje deed, en dat zoiets een bijzonder plezierig gevoel gaf. Maar vooral – en die mening was ze tot de dag van vandaag toegedaan! – dat je al die fijne dingen alleen maar moest doen met iemand van wie je oprecht hield, en waardeerde als persoon. Niet alleen om haar lichaam, maar ook om haar mooie karakter. Helaas, besloot mijn moeder, bleek een week later bij navraag dat er bij ons jongens weinig was blijven hangen van haar wijze lessen, en toen had ze het er verder maar bij gelaten in de hoop en verwachting dat we er verder zelf wel uit zouden komen.

Ik ging het eens bij mezelf na. Was het goedgekomen? Was ik eruit gekomen? En had ik zelf mijn kinderen – naast hun 'officiële voorlichting' – voldoende relationele bagage meegegeven om zich succesvol door het leven te slaan? Voor zover ik het kon overzien, hadden mijn ouders het er best aardig vanaf gebracht, met enige hulp van de huwelijks-zelfhulpboeken op de studeerkamer van mijn vader. Ik had weliswaar op de dag van mijn ontmaagding pas ontdekt dat de ingang van de vagina zich niet aan de voorkant, maar aan de onderkant van het vrouwelijk lichaam bevond (vervloekte lijntekeningen!), maar verder wist ik alles van de clitoris en het voorspel, dus voor een beginner legde ik een overtuigende en liefdevolle (!) vrijpartij op de mat.

Ik zag na rijp beraad eigenlijk maar twee 'fouten' in de opvoeding die ik heb genoten. Of eigenlijk: één tragische vergissing en één fatale omissie. De vergissing: me wijsmaken dat je alleen seks moest hebben met meisjes van wie je echt hield, en dan met name om hun mooie karakter. Dat is een prachtig ideaal, maar het werkt niet. Niet bij jonge mannen. Jonge mannen zijn in de knellende greep van testosteron, die moet je niet lastigvallen met subtiliteiten als IQ en ware liefde. Beter was geweest: 'Ga maar lekker een paar jaar aanklooien met ieder meisje dat seks met je wil en voldoet aan de eisen van basale hygiëne, dan kun je zo rond je vijfentwintigste, als je bent uitgeraasd, eens gaan omzien naar een blijvertje.' Nu heb ik de eerste tien jaren van mijn liefdesleven vermorst aan het zoeken naar de enige ware, en moest ik rond mijn dertigste nog beginnen aan mijn wilde jaren. Wat behoorlijk onhandig bleek, omdat ik toen al getrouwd en vader was.

Dan de fatale omissie: mijn ouders hadden me natuurlijk moeten vertellen dat 'opposites attract' een beroerde basis is voor een langdurige relatie. Want zij konden het weten, verschillend als dag en nacht. Natuurlijk is het spannend om als yuppie een keertje zestien yogastandjes door te akkeren met een bloemig kruidenvrouwtje, of als opgeruimde boerenjongen een soft-SM-experimentje te doen met een Zweedse transgender masseuse. Maar het is een fatale vergissing te denken dat zoiets kan uitgroeien tot een gelukkige en langdurige relatie. Het mysterie wordt na verloop van tijd irritant,

KUT
LUL

VEEL MEISJES EN VROUWEN KOMEN TEGENWOORDIG OPENLIJK UIT VOOR DE OPVATTING DAT JE BEST SEKS KUNT HEBBEN ZONDER LIEFDE.

de diepere laag die je achter alles vermoedt, blijkt gewoon niet te bestaan, en je brengt niets tot stand omdat je over alles verschillend denkt. Mijn credo tegenwoordig: als het klinkt als een heks, er uitziet als een heks, en op een bezemsteel vliegt, is het ook een heks. En tenzij het Susan Smit is, betekent dat: wegwezen! Deze beide levenslessen – 'eerst seks, dan liefde' en 'pas op voor heksen' – had ik dus ook onverkort doorgegeven aan mijn kinderen, die er hopelijk hun voordeel mee zouden doen.

En dat bracht ons bij het nu. En de vraag: was er meer? Of beter: Is er meer? Moet ik mijn laatste zoon nog waarschuwen voor de specifieke gevaren van vandaag. Vraagt deze tijd om een andere, nieuwe aanpak? Ik denk het wel. Want hoewel je uit bovenstaande zou kunnen opmaken dat er in het denken over relaties in de afgelopen dertig jaar niet veel is veranderd, zijn er toch wat recente maatschappelijke ontwikkelingen die een grote uitwerking hebben op de manier waarop er tegen liefde en seksualiteit wordt aangekeken.

Neem bijvoorbeeld: porno. In mijn tijd mocht je blij (?) zijn als je huiverend van opwinding (en afkeer) een plaatje onder ogen kreeg van een harig stel dat de enkelvoudige penetratie bedreef. Vandaag moet je van goeden huize komen om niet dagelijks ongewild te worden geconfronteerd met een squirtende barbiepop die drievoudig anaal wordt genomen door uitzinnige piemels. Het is misschien verstandig om je kind op een zeker moment te vertellen dat die handelingen van een andere orde zijn dan 'gewone' seks, al is het dweilen met de kraan open en bevinden we ons als seksuele wezens op een hellend vlak. Mij bereiken bij voorbeeld berichten dat anale seks tegenwoordig zou worden beschouwd als een volstrekt regulier item op het doordeweekse repertoire, terwijl we dat vroeger zouden beschouwen als handeling voor gevorderden-met-veel-drank-op. Ik ben er niet helemaal zeker van of dat vooruitgang is.

Iets positiever is de ontwikkeling dat ook (veel) meisjes en vrouwen tegenwoordig openlijk uitkomen voor de opvatting dat je seks best kunt hebben zonder liefde. Traditioneel een universeel mannelijke waarde, heb je nu ook vrouwen die hun sekspartner-du-nuit na gedane arbeid zonder pardon het bed uitjagen omdat ze vroeg op moeten en nog een paar uur ongestoord willen maffen. Hoewel een klapje voor de romantiek is het natuurlijk een grote stap voor de emancipatie. En vooral een weet. Dat je als jonge man niet schrikt als je zonder omhaal bij de piel wordt genomen, en vervolgens nooit meer wordt teruggebeld.

Een grote ommezwaai ligt natuurlijk op het vlak van de communicatie. Dankzij Facebook en Instagram weet je alles al van de ander voor je elkaar ooit hebt ontmoet of gesproken, via Whatsapp kun je de hele paringsdans afwerken zonder elkaar ooit in de ogen te hebben gekeken (handig voor verlegen mensen), en via Tinder en aanverwanten kun je zelfs de hele paringsdans overslaan en meteen beginnen met het paren, wat veel tijd scheelt. En als het tegenvalt: there's always more where that came from!

Dat is namelijk misschien wel het meest fundamentele verschil met vroeger: het aanbod. De Engelse schrijver Tim Samuels ontvouwt in zijn mannenzelfhulpboek *Who Stole My Spear* een boeiende theorie. Hij zegt dat het aanbod van partners zo groot is, dat we ons kunnen veroorloven oneindig op zoek te blijven naar iemand die nóg beter bij ons past dan de vorige, als we überhaupt nog een relatie willen nu seks altijd en overal beschikbaar is. Nog maar een paar generaties geleden, schrijft Samuels, kwam je misschien in je actieve liefdesleven een paar honderd potentiële partners tegen, waar je 'uit kon kiezen'. Dat aantal swipe je er tegenwoordig in één dolle avond in de kroeg doorheen.

Het gigantische aanbod aan mogelijke partners, in combinatie met de seksualisering van de maatschappij en het eindeloze aanbod van reality-tv waarin ons wordt 'uitgelegd' aan welke onmenselijke eisen een ideale relatie moet voldoen, is volgens Samuels de oorzaak van een massale keuzestress en acute kramp op de relatiemarkt. Hij pleit dan ook (een beetje) voor de terugkeer van het gearrangeerde huwelijk naar Indiaas model, waarbij mensen die je kennen (ouders) iemand voor je uitzoeken die bij je past. En de liefde komt dan later wel.

Of het zo'n vaart gaat lopen? De tijd zal het leren. Maar ik zal mijn kind vast gaan vertellen dat het fijn moet genieten van volop gezonde seks, lekker mag robbedoezen in die zee waar altijd weer voldoende vis zwemt, en op een gegeven moment moet blijven 'plakken' bij iemand met wie het leven leuk is. Niet perfect, maar leuk. En dan maar hopen dat het voorbeeld van zijn moeder en mij hem aanspreekt. Want de beste voorlichting, die doe, nee lééf je voor.

NIET MEER KWAAD. .

GOUDEN TIP

WORD NIET BOOS OP VERVELENDE KINDEREN

Ik ging laatst met één buurman en drie jongetjes een thuiswedstrijd van Ajax bezoeken. Er was werk aan de weg, er werden files verwacht, de trein vanuit Weesp was stuk: om een lang verhaal kort te maken, reden we met de auto naar het station van Abcoude, en vandaar was het 7 minuten per trein naar de Amsterdam Arena. Tijdens die korte reis presteerden de drie jongeheren het beide vaders rondspattend klamzweet te bezorgen, hun stem herhaalde malen te laten verheffen, en te dreigen met verantwoord geweld en 'nóóit meer mee naar voetbal'. Toen moest de wedstrijd nog beginnen.

Vervelend zijn is een ongrijpbaar kinderfenomeen. Waarom gaan in principe vriendelijke, welopgevoede en sociaal vaardige kinderen ineens compleet in de contramine? En waarom lijken die kinderen op zo'n moment compleet doof voor de gezaghebbers des huizes en wagen ze zich aan gedrag dat ze op elk ander moment wel uit hun hoofd zouden laten?

Je komt er op een zeker moment wel achter wat de triggers zijn. Er is meestal iets opwindends of spannends aanstaande, of juist helemaal niets te doen. Men is de avond tevoren laat naar bed gegaan en heeft de minimale 12 uur slaap op geen stukken na gehaald. Ze hebben te lang met een of ander broertje/vriendje opgescheept gezeten, of zijn juist uitzinnig blij elkaar weer te zien. Veel ouders geven suiker de schuld, dan wel één van de vele varianten van ADHD of hoog-sensitiviteit, maar die opties zou ik pas gaan onderzoeken als hij/zij voor de derde keer in de week de kat in brand heeft gestoken.

Nee, na lang en rijp beraad met mezelf kom ik tot de conclusie dat 'vervelend zijn' een ongelukkig samenspel is van een overdosis energie, een vleugje grenzen opzoeken en – als gevolg daarvan – een oncontroleerbare uitgelatenheid die door het ontspoorde kinderbrein op dat moment niet kan worden uitgeschakeld of in toom gehouden.

Geheel tegen mijn opvliegende principes heb ik me dus voorgenomen niet meer kwaad te worden als mijn kind strontvervelend is. Dat heeft dus toch geen zin en ik weet dat ik spijt krijg van de eventuele oorvijg die ik heb uitgedeeld. En hij kan er dus weinig aan doen dat hij af en toe niet te genieten is. Maar mocht hij dit lezen: maak er geen gewoonte van, jongeman, want ik doe je op het Stoute Kinderen Huis van Meester Joachim B. De Waard (Annie M.G. Schmidt, verplichte kost)!

WIE? **ATILAY USLU**

WAT? **DIRECTEUR CORENDON**

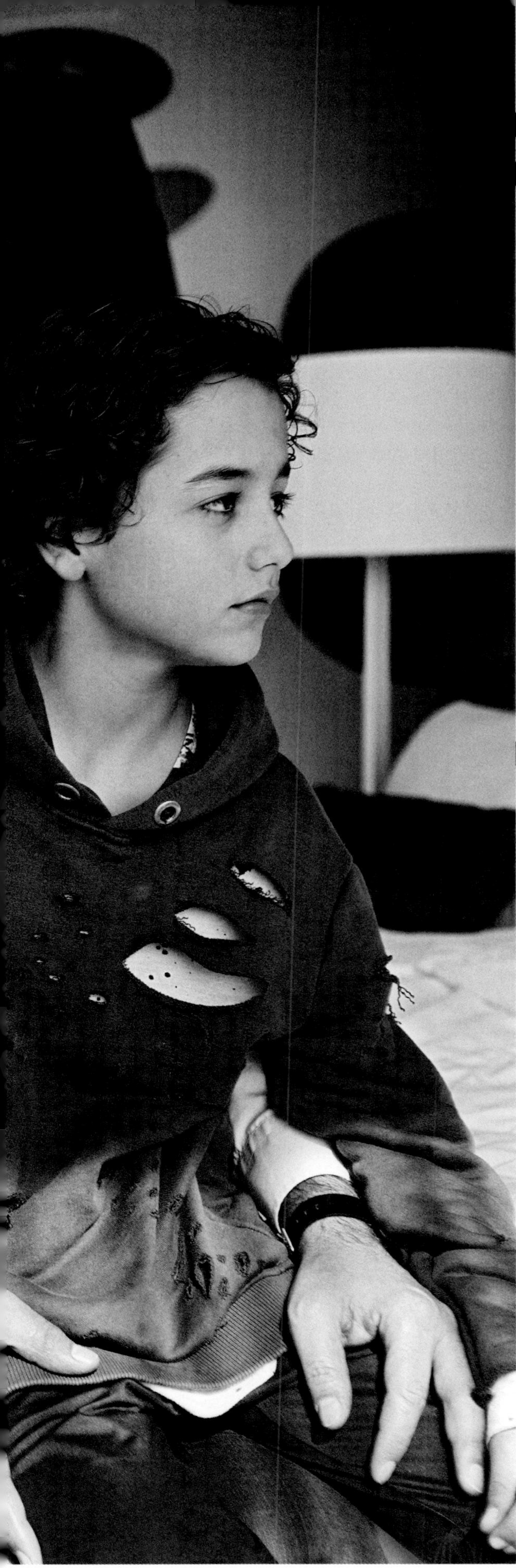

VOORAF

Hoelang ben je al vader?
'Ik heb drie kinderen: twee zonen en een dochter. Atacan is zesentwintig jaar oud, Zhen is twaalf en Pera is negen.'

Allemaal bij dezelfde vrouw?
'De eerste is uit een vorig huwelijk, de jongste twee zijn van mijn huidige vrouw.'

Wil je er nog meer?
'Ik ben negenenveertig... Ik ben daar nu te oud voor, denk ik. Ik was negenendertig toen mijn jongste dochter geboren werd, dat vond ik al oud. Als zij straks twintig is, ben ik zestig. Ik vraag mij soms af of ik haar nog wel kan begrijpen wanneer ze die leeftijd bereikt.'

VADER WORDEN

Was je een beetje een held bij de bevalling of stond je sigaren te roken op de gang?
'Bij mijn oudste ging het heel snel. Toen mijn toenmalige vrouw naar het ziekenhuis werd gebracht, dacht ik nog snel mijn ouders op te kunnen halen, want die wilden er ook bij zijn. Ze was in no-time bevallen, ik was nog onderweg naar het ziekenhuis. Bij de bevalling van mijn tweede zoon was ik erbij in de bevallingskamer. Ik ben flauwgevallen... Bij de geboorte van mijn dochter mocht ik de kamer niet in van mijn vrouw. Die vond het al moeilijk genoeg zonder dat ik daar alle aandacht op stond te eisen door van mijn stokje te gaan.'

Wat was het eerste wat je dacht toen je je baby in je armen had?
'Je wordt overrompeld door een verantwoordelijkheidsgevoel. Je vraagt je af of je dat vaderschap wel kan waarmaken, omdat je zelf nog jong bent. Het voelt alsof je er psychologisch nog niet klaar voor bent. Maar later ondervind je dat je vaderschap niet kan leren. Het zit in je, of niet.'

Is je leven beter of slechter nu je vader bent?
'Niet beter of slechter, maar anders. Je moet ineens overal rekening mee houden en dingen regelen. Even uitgaan zit er niet meer in zonder een oppas. En de problemen van je kinderen worden ook jouw problemen. Mijn zoon van twaalf had een vriendinnetje en toen dat uitging moesten we daar allemaal over meepraten aan tafel.'

Ben je verstandiger geworden sinds je kinderen hebt?
'Ik was altijd wel gezond; ik ging wel stappen, maar dronk nooit veel. Dat verantwoordelijkheidsgevoel kun je ook niet ontlopen. Daar zit je misschien niet op te wachten, maar de liefde die je van je kinderen krijgt is zo mooi en onbetaalbaar.'

Heb je nog wel tijd voor jezelf?
'Ik ben geen doorsneevader die van negen tot vijf werkt en er in de avond met het eten is. Ik heb een heel drukke baan. Maar de balans heb ik de afgelopen tien jaar goed gevonden. Daarvoor vond ik het moeilijker – je zet jezelf en je vrouw op de tweede of derde plek.'

DE KINDEREN

Wiens idee was het om kinderen te nemen?
'Zowel mijn eerste als tweede vrouw had behoefte aan kinderen. Bij de eerste werd ik pas laat op de hoogte gesteld van de zwangerschap. Mijn tweede vrouw zei op een gegeven moment dat ze niet nog jaren wilde wachten. Dat gevoel hebben mannen niet zo, maar ze wilde niet pas laat moeder worden. Dan reken je uit hoe oud je zelf zal zijn wanneer de kinderen opgegroeid zijn en heb je door dat ze gelijk heeft. Vrouwen zijn toch verstandiger dan mannen.'

Houd je van je kinderen?
'Ja, ik houd van mijn kinderen, maar als ik alleen met mijn partner op vakantie ga, zoek ik bestemmingen uit waar geen kinderen zijn.'

Vind je je kinderen aardig?
'Ze hebben alle drie een heel ander karakter. Ik ben blij dat ze altijd oprecht en eerlijk zijn. Het kunnen boeven zijn, maar ze hebben geen slecht hart.'

Wat vinden ze van jou?
'Ik vraag weleens voor de grap of ze tevreden zijn over papa. Mijn dochter roept altijd meteen 'ja', maar mijn zoons antwoorden 'ja, maar...'. Dat zijn leuke gesprekken. Uiteindelijk houden ze van hun vader en moeder.'

Lijken ze op jou of op je vrouw?
'Dat is een beetje fifty-fifty denk ik. Wie er het meest op mij lijkt qua uiterlijk zou ik echt niet weten. Daar ben ik niet zo mee bezig, dat soort dingen weten vrouwen altijd beter, denk ik. Qua karakter lijken de jongens wel op mij. Ze zijn ingetogen en staan op de achtergrond. Ze laten anderen liever gek doen. Mijn dochter lijkt in dat opzicht weer meer op haar moeder.'

Is het moeilijk om geen favoriet te hebben?
'Ik heb geen favoriet. Echt niet. Je doet andere dingen met je verschillende kinderen, met mijn dochtertje ga ik niet voetballen bijvoorbeeld, maar ik hou evenveel van ze.'

Dochters of zonen?
'Dat hangt van de leeftijd af. Mijn dochter is veel warmer dan mijn zonen, momenteel. Zij trekt wat meer naar haar vader toe. Die jongens zetten zich wat meer af. Naarmate Pera ouder wordt, zal die band wat moeilijker worden denk ik. Als mijn zoons met een vriendin thuiskomen, ben ik trots, maar als zij later een vriend meebrengt... dat zou ik lastiger vinden. Dat ligt overigens meer aan mij dan aan haar.'

'HET VADERSCHAP KUN JE NIET LEREN. HET ZIT IN JE, OF NIET.'

ZORGEN

Wie zorgt thuis het meest voor het de kinderen?
'Ik heb een heel drukke baan en mijn vrouw werkt niet; zij is er meestal voor de zorg. Ik breng het brood op de plank.'

Is er een soort rolverdeling, dingen die jij voor je rekening neemt en dingen die je liever aan haar overlaat?
'Ik heb ook gewoon luiers verschoond, het is niet dat ik het nooit gedaan heb, maar het is geen hobby van mij. Ik hoor het ook altijd van haar als er ergens een ouderavond is waar ik bij moet zijn. Zij houdt thuis het overzicht.'

Wat is jouw stijl van vaderschap?
'Dat hangt van je definitie van "streng" af. Ik probeer ze vrij te laten om hun eigen keuzes te maken, zodat ze kunnen gaan doen wat zij willen doen, in plaats van mijn voorbeeld te volgen. Ze moeten zelf hun geluk vinden, hun carrière bepalen. Ik kan alleen maar vrijblijvend advies geven. Het is mijn taak als vader om ze normen en waarden bij te brengen. Meer niet. Er zijn te veel ouders die zich te veel bemoeien met hun kinderen.'

MOEDER DE VROUW, DE LIEFDE

Is je vrouw veranderd sinds ze moeder is?
'Ze had er in het begin moeite mee. Ze had namelijk ook een carrière, maar uiteindelijk koos ze ervoor om thuis bij de kinderen te blijven. Dat was moeilijk, maar ze heeft nooit spijt gehad. Voor haar zijn de kinderen het allerbelangrijkst.'

Seks, wil dat nog een beetje?
'Dat gaat achteruit nadat je kinderen krijgt. En ik ben door werk ook nog eens weinig thuis.'

Heb je advies voor collega-mannen om de boel, indien ingedut, weer vlot te trekken?
'Je moet ergens heengaan zonder je kinderen. Als die constant in de buurt zijn, denk je niet aan seks. Dus je moet ze eigenlijk even verbannen.'

Hoe ging het daten als vader-met-kind, destijds?
'Mijn huidige vrouw wist dat ik een kind had. Atacan was acht jaar oud toen zijn moeder en ik uit elkaar gingen. In het begin verliep die relatie erg stroef. Toen mijn huidige vrouw zwanger was van Zhen heb ik Atacan een klein jaar niet gesproken. Dat was erg heftig. Hij wilde mij niet spreken.'

PRAKTISCH

Favoriete vadergadget?
'Zhen had vroeger Nintendo's en nu heeft hij een PlayStation, ik ben zelf niet zo van games. Ik hou wel erg van gadgets en alle laatste snufjes. Wat ik wel leuk vond om met hem te doen, was Pokémon Go. Je loopt dan langs standbeelden die je al honderd keer hebt gezien, maar dat spel vertelt je dan opeens waarom het er staat en wat het betekent. Het voelde als een soort van geschiedenisles. Het is educatief.'

Favoriete vakantiebestemming met kinderen?
'Ik neem al mijn kinderen individueel eens per jaar mee op vakantie. Dan gaan we een weekend weg met z'n tweeën. Vorige keer was ik met Zhen naar New York, vrijdag heen en maandag terug. Met mijn dochter ben ik laatst naar Londen geweest. Ik vind het ook leuk om met iedereen twee weken weg te gaan, maar op deze manier kan ik ze meer quality time met hun vader geven. Als je aan ze vraagt wat hun favoriete vakanties zijn, zullen ze de keren dat ze alleen met mij weg waren zeggen.'

Favoriete kinderboek?
'Geen idee, dat is altijd de taak van mijn vrouw geweest.'

Favoriete kinder-tv?
'Ik kijk met Zhen vaak samen naar *Spongebob* en met Atacan keek ik altijd naar *Pokémon*, *Transformers* en *Power Rangers*.'

Favoriete kindereten?
'Zij vinden alles wat mijn moeder kookt heerlijk. De rijst van oma, de kippensoep van oma, echt alles wat oma maakt.'

Wanneer mag een kind mee uit eten?
'Dat hangt van de kinderen en het gezelschap af. En je moet er eigenlijk nooit meer dan twee meenemen anders wordt het chaos. Maar als het er twee zijn, kan het wel vanaf een jonge leeftijd. Zorg gewoon dat ze wat te doen hebben.'

Wie is jouw voorbeeldvader en waarom?
'Om eerlijk te zijn: die heb ik niet. Mijn eigen vader had maar twee regels: ik mocht geen junk of dief worden. Verder mocht alles; drinken, feesten, vreemdgaan. De twee buurjongens mochten niets en die hadden een vader die elke avond netjes om zes uur thuiskwam om met ze te eten. De een is een junk geworden en de ander een dief, terwijl alle vier kinderen van mijn vader goed terecht zijn gekomen.'

De mooiste herinnering van jou en je kinderen.
'Toen Atacan negen jaar oud was, heb ik hem samen met zijn neefje, die even oud was, alleen met de trein van Zandvoort naar Haarlem laten reizen. Die twee hebben toen zelf de conducteur aangesproken hen te waarschuwen wanneer ze waren aangekomen in Haarlem. Mijn broer stond daar op ze te wachten, maar dat wisten ze natuurlijk niet. Ze voelden zich zo onafhankelijk, het was zo spannend en leuk voor ze. Dat vergeten die twee nooit meer.'

WAT IS JE ULTIEME PAPA-TIP?

'Laat je kinderen gewoon zichzelf zijn. Als jij normen en waarden kunt overbrengen, heb je het al heel goed gedaan. Meer moet je niet willen, dat geeft je kinderen alleen maar stress.'

'MIJN EIGEN VADER HAD MAAR 2 REGELS: IK MOCHT GEEN JUNK OF DIEF WORDEN. VERDER MOCHT ALLES.'

ULTIEME DADMOBILE

DE 10 BOEKEN DIE JE ALS VADER GELEZEN MOET HEBBEN

MINDER GESCHIKT OM VOOR TE LEZEN

Komt een vrouw bij de dokter - Kluun
Om te laten zien dat je je vrouwelijke kant onder controle hebt. Dat je kunt huilen. En om je te doen beseffen dat er altijd mannen zijn die er een grotere puinhoop van maken dan jij.

Judas - Astrid Holleeder
Zó spannend dat het bijna niet waar kan zijn. Maar dat is het toch. En omdat honderdduizenden Nederlanders je voorgingen en die kunnen niet allemaal ongelijk hebben.

Het vreugdevuur der ijdelheden - Tom Wolfe
Klinkt een stuk beter in het Engels (*The Bonfire of the Vanities*), maar dat mag de pret niet drukken. Een van de grootste nog levende Amerikaanse schrijvers. Dik boek ook, staat heel imposant.

Vrouwen - Charles Bukowski
Om te zien hoe je niet met vrouwen om moet gaan. En hoe je moet schrijven. Bukowski was een notoir alcoholist, maar zijn gehele oeuvre moet je eigenlijk in je boekenkast hebben.

Alleen met de goden - Alex Boogers
Hij staat niet voor niks in dit boek, deze volgens ons meest dwingende schrijver van Nederland. *Alleen met de goden* is niets minder dan een meesterwerk en wordt momenteel verfilmd. Zorg dat je het voor die tijd gelezen hebt. Net als de rest van Alex' oeuvre.

High Fidelity - Nick Hornby
Een van de leukste en meest succesvolle schrijvers van Engeland als het aankomt op makkelijk leesbare doch hoogstaand vermaak biedende romans. Zijn boeken worden vrijwel zonder uitzondering verfilmd en zijn ook dan succesvol. Waren wij maar Nick Hornby.

Lolita - Vladimir Nabokov
Klassieker der klassiekers. Hoort in elke boekenkast. Nog altijd schokkend en prachtig geschreven relaas van een gewone man die valt voor de twaalfjarige dochter van zijn hospita.

Mannen: De Waarheid - Jan Heemskerk & Marcel Langedijk
Door diverse zeer belangrijke mensen bestempeld als 'misschien wel het belangrijkste boek van deze eeuw'. Dat dat ging om vrienden en kennissen van deze twee rasvertellers doet verder niet ter zake. Uitermate handig handboek voor vrouwen die meer willen weten over De Man.

De oude man en de zee - Ernest Hemingway
Mannelijker dan deze uitermate stoere literaire levenskunstenaar worden ze niet meer gemaakt. Lees dit boek.

American Psycho - Bret Easton Ellis
Een grote smerige bende vol hoeren, drugs, bloed en ruig taalgebruik. Heerlijk om je even mee terug te trekken na een dagje speeltuinen met de liefdesbaby.

AANKLEDEN

Hoe DAN? ZO DAN!

- [ ] Schone luier
- [ ] Romper
- [ ] Broek
- [ ] Top/shirt
- [ ] Vestje of sweater
- [ ] Sokken
- [ ] Schoenen

ACCESSOIRES

Te denken valt aan een laptoptas, een horloge, gouden kettingen en neptatoeages. Maar doe wat goed voelt.

ALS DE VROUW VAN HUIS IS

Hoe VERMAAK je een KIND

- ☐ NETFLIX
- ☐ GAMEBOY/X BOX
- ☐ UNO KAARTSPEL
- ☐ SNOEP
- ☐ BOEKJES/STRIPS
- ☐ LEGO
- ☐ FIX EEN PLAY DATE
- ☐ BRENG HEM/HAAR NAAR JE OUDERS
- ☐ ZET ZE IN EEN SPEELTUIN
- ☐ GA NOOIT NAAR EEN BALLENBAKACHTIG ENTERTAINMENTCENTRUM. JE OVERLEEFT HET NIET EN HET NEEMT ELKE VORM VAN MANNELIJKHEID BIJ JE WEG.
- ☐ LAAT HEM/HAAR JE AUTO WASSEN - VERBERG WEL DE SCHUURSPONSJES.

WIE? Wilfred Genee

WAT? Sportpresentator

VOORAF

Hoe oud zijn je kinderen en hoe heten ze?
'Mijn dochter Feline Isabeau is zeven en mijn zoon Timothy Luca is vier. We noemen ze Isabeau en Luca. Allebei hun tweede namen vonden we beter bij ze passen. De naam Isabeau bedacht ik al op mijn vijftiende, dankzij de film *Ladyhawke,* waarin Michelle Pfeiffer Lady Isabeau speelde. Tegen mijn zus zei ik: "Als ik ooit een dochter krijg, noem ik haar Isabeau."
Toen mijn vrouw zwanger was, hing er bij de verloskundige een muur vol geboortekaartjes. Op al die kaartjes vonden we allebei maar één naam mooi: Feline. Dat moest haar eerste naam worden, dachten we. Na een paar maanden werd het toch Isabeau. Luca betekent licht en ons zoontje is echt het licht in ons leven: een stralend mannetje. Zelfs als hij ziek is, is-ie vrolijk.'

Hoelang ben je samen met je vrouw Lili?
'Sinds 2005, en sinds 2008 zijn we getrouwd.'

Wil je nog meer kinderen?
'Als het aan mij lag wel. Maar Lili is vierenveertig, dus dat durven we niet meer aan. Zij was nooit bezig met kinderen; ik was de eerste man met een hartstochtelijke kinderwens die ze tegenkwam. De karakters van onze kinderen verschillen enorm, daarom vraag ik me soms af hoe het zou zijn met een derde. Dan had je helemaal een palet gehad. Maar natuurlijk zijn we dolgelukkig met Isabeau en Luca.'

VADER WORDEN

Was je een beetje een held bij de bevalling of stond je sigaren te roken op de gang?
'Ik was er volop bij, stond er met een camera bovenop. Echt een Youp van 't Hek-situatie.
Toen de baby net geboren was, stelde ik Lili alle sportvragen: wat gaat er nu door je heen? Had je het zo verwacht? Tegen de gynaecoloog zei ik vlak voor de geboorte: "Als er een lelijke baby uitkomt moet je niet schrikken, want mijn vrouw was vroeger ook heel lelijk en het is helemaal goed gekomen, zoals je ziet." Dat vond mijn vrouw heel grappig, maar de dokter was van slag door die opmerking. Beide keren is Lili in het ziekenhuis bevallen en heb ik geholpen, voor zover je dat als man kunt. Haar pijn is niet te vergelijken met wat een man ooit heeft meegemaakt. Mannen zijn zeikers, eikels, slapzakken. Maar als ik maar even het gevoel had dat er iets fout ging, hield ik de gynaecoloog bij de les.'

Wat was het eerste wat je dacht toen je je baby in je armen had?
'Daar zijn geen woorden voor. Vroeger had ik twee dromen: de eredivisie presenteren en vader worden. Tegen mijn verwachting in kwam die eerste droom eerder uit en dacht ik: 'Heb ik híér nou al die jaren zo naar verlangd?' Het vasthouden van je kind, daarentegen, is nog steeds iets magisch. Vannacht kwam Luca bij ons liggen omdat hij niet kon slapen. Een kwartier lang heb ik naar hem gekeken en dacht ik: Verrek, dit is gewoon mijn zoon. Misschien ben ik soft, maar het liefst was ik zelf bevallen, had ik zelf de baby's gedragen. Wij mannen kunnen dat niet aan, we zijn watjes, maar zó verbonden zijn met je kind… Daar kan ik jaloers op zijn. Het grappige is dat Lili daar nooit zo mee bezig was. Ze kon zich geen voorstelling maken van een leven met kinderen. Uiteindelijk was ik pas 42 toen we Isabeau kregen. Achteraf ben ik blij dat ik op latere leeftijd vader ben geworden: ik had alles gedaan wat ik wilde doen.'

Werd je leven toen beter of slechter?
'Vroeger dacht ik altijd: "Is dit alles?" Het liedje van Doe Maar. Daarom heb ik zoveel ondernomen. Maar dat is allemaal niet te vergelijken met het hebben van kinderen. Zo is het allemaal bedoeld, denk ik nu.'

Ben je gezonder en/of verstandiger geworden door je kinderen?

'Absoluut. We leven veel bewuster. Afgelopen halfjaar heb ik bijna niet gedronken, ik eet veel groenten en fruit, Lili en ik zijn druk met Vullen of Voeden – een gezondheidswijzer voor ouders en kinderen – en we hebben boeken geschreven over bewust leven. Als ik laat thuiskom en er 's ochtends vroeg uit moet om ze naar school te brengen, ga ik daarna weer een uurtje liggen. Dat deed ik vroeger nooit. Ik sta te boek als workaholic, maar voor mijn doen is mijn werk enorm gedoseerd.

Ik denk ook dat mijn beste jaren nog gaan komen. Nu de kinderen naar school gaan, kan ik het beste uit mezelf halen. Ook dat komt door de kinderen: zij houden mij een spiegel voor. Wie ben ik? Waar sta ik voor? Laatst kwam de oppas en zei Isabeau: "Moeten ze nóg meer verdienen dan? We hebben toch alles al?" Kinderen doen me realiseren dat ik me soms verlies in de ratrace van alles wat ik ben. Ze zijn zo puur. Naar kinderen kijken is zó mooi en leerzaam.

Toen Isabeau een jaar of drie was, probeerden we haar uit te leggen dat E-nummers en suikers ongezond zijn. We liepen op het Leidseplein, langs een kraam met zoetigheid. Recht voor die kraam riep ze: "Kijk, die man is helemaal verkeerd bezig!" En zo zei Luca laatst: "Meester Rob heeft maar één arm, grappig hè?" Dan kun je je als ouder verontschuldigen, maar wij volwassenen kunnen daar ook van leren. Je kunt beter uitspreken hoe het zit, vind ik. Liever dat je zegt dat je me een lul vindt, dan dat je dat vindt zonder het te zeggen.'

Zie je er nog een beetje normaal uit of loop je rond als levend kotsdoekje?

'Er was een periode dat ik met m'n wallen op m'n schoenen liep. Luca kroop toen vaak 's nachts bij ons in bed omdat hij dacht dat hij een nachtmerrie ging krijgen. Door de kinderen ben ik een beter mens, maar een slechtere presentator geworden. Je belangen veranderen: in plaats van nog tig wedstrijden te kijken, ga ik met de kinderen spelen.'

Heb je nog tijd voor jezelf?

'Weinig. Dat gemis vind ik weleens lastig, maar het is een keuze. Ik zou ook minder kunnen gaan werken. Ik ben wel veel boeken gaan lezen, waarmee ik mezelf confronteer. Nu lees ik een boek over wanneer je een echte man bent.
Geweldig lachwekkend én confronterend.
Net als een boek over de kracht van imperfectie, dat ik laatst las. Spiritualiteit intrigeert me, maar dat kun je totaal niet uitspreken in de macho-omgeving die mijn vakgebied is, met mensen als Johan Derksen en René van der Gijp om je heen. Toch begin ik er weleens over. Laatst zei ik dat ik het boeddhisme interessant vind, omdat je daarin altijd onderweg bent en nooit ergens arriveert, dat je van ieder moment kunt leren. Als ik daarover begin, word ik volledig belachelijk gemaakt.
Maar daar zit ik niet mee.'

DE KINDEREN

Wiens idee was het om kinderen te krijgen?

'Ik wist zeker dat ik kinderen wilde, maar omdat we al wat ouder waren, wist ik niet of het zou lukken. Het was een gezamenlijk besluit, waarvan we geen moment spijt hebben gehad.

Zonder kinderen was ik geen leuk mens geweest. Vroeger ging het om Wilfred, Wilfred en Wilfred; dat is volledig veranderd. Het is niet zo dat ik mezelf niet meer belangrijk vind – ik heb een ontzettend ego – maar ik kan het meer opzijzetten. Het leuke is dat een kind je daarop kan wijzen.'

Houd je van je kinderen?

'Doordat ik heel rationeel ben, vind ik gevoelens ingewikkeld. Vorige week had ik een discussie met Isabeau, die ook behoorlijk rationeel kan zijn. Op een gegeven moment zei ik: "geef me eens een knuffel". Ze keek me verbaasd aan en begon een beetje te huilen. Later, met z'n tweeën in de auto, zei ze dat ze die knuffel zo fijn vond. Zo leert ze me naar mezelf te kijken. Ik kan nogal in mijn

'SEKS? HET IS NATUURLIJK NIET MEER ZOALS HET WAS, MAAR JE HOORT MIJ NIET KLAGEN.'

hoofd zitten, maar het is belangrijk om je gevoel te uiten. Dus: ja, ik houd van ze. Heel veel.'

Houd je überhaupt van kinderen?
'Het grappige is dat kinderen altijd naar mij toe komen, omdat ik nooit naar hen ga. De meest verlegen kinderen komen bij me op schoot en vertellen me hele verhalen. In mijn studententijd had ik een relatie met een meisje, wier zus een eeneiige tweeling had. Die tweeling was zo gek op mij, en ik op hen, dat ik die relatie veel langer liet duren dan ik eigenlijk wilde, zodat ik de tweeling kon blijven zien.'

Wat vinden je kinderen van jou?
'In een film die ik laatst zag, zei een meisje tegen haar broer: "Papa is zo sterk, die kan alles". Ik denk dat alle kinderen op die leeftijd zo over hun vader denken. Ik krijg vaak tekeningen met "papa, ik hou zoveel van je", dus het zal wel goed zitten.'

Lijken ze op jou, op je vrouw of op de melkboer?
'Mijn vrouw vindt Luca ontzettend op mij lijken. Qua karakter lijkt Luca meer op haar en Isabeau op mij. Luca is gevoeliger, zegt op een dag wel vijf keer dat-ie zoveel van papa houdt. Ze zijn allebei erg passioneel, dankzij hun Perzische bloed van Lili.'

Is het moeilijk om geen favoriet te hebben?
'Toen Luca er nog niet was, dachten we allebei nooit meer zoveel van een kind te kunnen houden als van Isabeau. Maar het blijkt dat je net zoveel van een tweede kunt houden.'

Waar heb je minder omkijken naar: dochters of zonen?
'Zonen. Mijn dochter is een verhaal, dat wordt nog wat. Ze kan beter discussiëren dan ik, heeft óveral een mening over. Op haar vierde zei ik tegen haar: "Als je 18 bent, mag je op jezelf wonen en doen wat je nu zo leuk vindt, maar nu moet je nog naar je vader luisteren." Ze antwoordde: "Pap, in

principe heb je gelijk, maar als ik straks 18 ben, vind ik wat ik nu doe niet meer leuk, want nu ben ik een kind en dan niet meer." Daar wist ik niets meer tegen in te brengen. Laatst vroeg ze me waarmee ze me een plezier kon doen. "Door een minuut je mond te houden," zei ik. "Dat lukt niet," zei ze. Luca luisterde tot voor kort voorbeeldig, maar nu hij naar school gaat, met allemaal jongens om zich heen, wordt hij ook pittiger.'

Wat is het lastigst aan vader zijn?
'Dat het iedere dag een uitdaging is om het goed te doen. Ben ik een goede vader? Die vraag houdt me onafgebroken bezig. Ben ik gedisciplineerd genoeg? Hebben ze genoeg ruimte? Had ik ze meer of juist minder moeten meegeven? Ik had niet verwacht dat opvoeden zó ingewikkeld zou zijn. Isabeau spreekt bijvoorbeeld geen Farsi, terwijl sommige klasgenoten wel meerdere talen spreken. Dan vraag ik me af: Waarom hebben wij dat niet gedaan? Hadden we er geen tijd voor? Vonden we het onbelangrijk?'

En het mooiste?
'Dat je soms zo wordt verrast. Laatst haalde ik Luca van school en moest ik nog even naar het dorp om iets te kopen. We stapten de auto uit naast Bart Smit. Daar wilde Luca wel even naartoe. Ik moest ook bij de Bart Smit zijn, maar dat wist hij niet. Terug in de auto, bijna thuis, schrok hij op: "O, papa, we zijn niet naar jouw winkel geweest!" Een kind van vier, dat daarbij stilstaat! Dat vind ik bijzonder.'

MOEDER DE VROUW, DE LIEFDE

Is je vrouw veranderd sinds ze moeder is?
'Ze is altijd zorgzaam geweest, maar ik wist niet dat ze zó'n goede moeder zou worden. Ze is met afstand de beste moeder die ik ooit heb gezien: zo bezig met het geluk van de kinderen dat ze zichzelf soms wegcijfert. Afgelopen acht jaar zijn we maar één nacht samen weggeweest. Verder is er altijd wel een van ons bij de kinderen geweest.'

Hoe vind je dat?
'Je relatie krijgt sowieso een andere dimensie als je kinderen krijgt. Dat heb ik nooit als moeilijk ervaren, maar ik weet dat er veel mannen, zoals mijn eigen vader, jaloers worden op de aandacht die de kinderen ineens van hun vrouw krijgen. Ik zou ook weleens een week met z'n tweeën weg willen, maar we vinden het moeilijk om de kinderen naar een oppas te brengen.'

Seks, wil dat nog een beetje?
'Dat wordt onvermijdelijk iets minder. Er is altijd het risico dat er eentje binnen stuitert, zeker nu ze ouder worden. Het is natuurlijk niet meer zoals het was, maar je hoort mij niet klagen.'

Heb je advies voor collega-mannen om de boel, indien ingedut, weer vlot te trekken?
'Ga een weekend met z'n tweeën weg, als dat kan. Verder moet je je erbij neerleggen dat het even minder wordt. Spaar het op voor later, zou ik zeggen.'

ZORGEN

Wie zorgt het meest voor de kinderen: jij, de moeder of de nanny?
'Lili iets meer dan ik. Gelukkig ben ik overdag ook veel thuis.'

Hoe is de oppas geregeld?
'We hebben twee oppasmeisjes, die we vertrouwen en ongeveer één keer per week komen. Maar dan is Lili ook thuis aan het werk.'

Is er een rolverdeling?
'Ik probeer zoveel mogelijk mee te draaien:

opruimen, schoonmaken, was draaien. Lili kookt iets vaker dan ik. Toen zij borstvoeding gaf, legde ik ze altijd aan en weer terug, een paar keer per nacht. Dat was een pittige, maar bijzondere periode.'

Zijn er dingen die je absoluut niet doet?
'Kinderyoga. Heb ik twee of drie keer gedaan. Dat moet je me niet aandoen, met al die moeders op zo'n matje. Luca lag de hele tijd in een deuk om mij.'

Wat is jouw stijl van vaderschap?
'Volgens mij ben ik een relaxte vader. Er is wel een punt waarop ik zeg: tot hier en niet verder. Dan ben ik boos, maar ik ben ook weleens te makkelijk. Zondag zat ik met ze in de indoorspeelhal en de hele tent werd afgebroken, ook dan probeer ik relaxed te blijven. Die plekken zijn verschrikkelijk en nog erger als je bekend bent. Lig je in de ballenbak en hoor je achter je: "Meneer Genee, de ballenbak is niet voor volwassenen." Ik heb natuurlijk het imago dat ik pedant en irritant ben – dat is functioneel, want ik moet een beetje stoken – maar als vader ben ik daar helemaal niet mee bezig en ben ik, volgens mij, heel relaxed.'

PRAKTISCH

Favoriete vakantiebestemming met kinderen?
'Ik moet nu Dubai roepen, want Luca wil daar wonen nadat we er twee keer zijn geweest. Het is een beetje een namaakwereld, zei ik tegen 'm, maar hij vindt het geweldig: zon en zwembad. Portugal en Spanje vonden ze ook leuk. Zelf vind ik de Cariben heel fijn, maar dat is voor de kinderen lang vliegen.'

Favorieten kinderboek?
'*Raad eens hoeveel ik van je hou* van Sam McBratney en Anita Jeram.'

Favoriete kinder-tv?
'Ze Netflixen alleen nog maar: *My Little Pony, Winx*. De jongste kent het fenomeen van wachten op een programma niet eens.'

Favoriete kindereten?
'Broccoli vinden ze allebei lekker. De hele dag door eten ze allerlei groenten. Naar school krijgen ze quinoa met broccoli en ei mee. Vinden ze hartstikke lekker. Klasgenootjes eten bijna altijd brood, dus we moeten erop letten dat het geen buitenbeentjes worden, dus eten ze soms ook minder voedzame dingen.'

Wanneer mag een kind mee uit eten?
'Altijd. We bestellen volwassenengerechten voor ze, die we delen.'

Wie is jouw voorbeeldvader?
'De vader van een goede vriend uit Den Haag. Die man is 85 en gaat nog zo enthousiast met z'n kinderen om. Het absurde is dat Lili met die vriend op de basisschool heeft gezeten. Ze kwam weleens bij hem thuis, waar die vader het rad van fortuin en zaklopen organiseerde. Zelf probeer ik ze ook altijd zoveel energie te geven, want dollen en lol maken is heel belangrijk.'

WAT IS JE ULTIEME PAPA-TIP?

'Geef nooit op. En bovenal: geniet ervan. Want het gaat zo fucking snel. Luca wordt zo snel groot. Daarom hebben we 'm niet naar een kinderdagverblijf gebracht. Dat zou zonde zijn.'

GOUDEN TIP

WEES BEZORGD, MAAR MAAK JE KIND NIET BANG!

Ik sta bekend als een bezorgde vader. Ik zal mijn kind nooit de deur uit laten gaan zonder 'doe je voorzichtig' te zeggen, ook al loopt hij maar dertig meter naar zijn vriendje op nummer zes, en heb ik hem al 2056 keer op het hart gedrukt op het gras te blijven en uit te kijken voor trucks die elke acht seconden met ziedende vaart de hoek om komen.

Met enige regelmaat ontsteek ik dan ook in grote woede als zijn moeder hem ergens toestemming voor heeft gegeven zonder hem te wijzen op alle gevaren/ zijn telefoon mee te geven/ een tijd af te spreken/ grenzen aan zijn vrijheid te stellen/ en te verbieden überhaupt zoiets achterlijks te gaan doen. Zoals bijvoorbeeld laatst, op vakantie, toen meneer (11) zonder zwemvest maar met de dochter (8) van kennissen het Sneekermeer was opgevaren in zijn rubberboot-met-motortje en na drie kwartier nog niet was teruggekeerd.

Ik word op zo'n moment 1) boos, 2) bang en 3) vastberaden. Dus nadat ik alle volwassenen voor onverantwoordelijke idioten had uitgemaakt, een angstaanval had teruggevochten en op mijn beurt een rubberboot had gevorderd, jakkerde ik samen met zijn moeder de woedende zee op, op zoek naar mijn kind. We hoefden niet ver te zoeken: meneer was zonder benzine komen zitten, parmantig naar het Kameleon-eiland geroeid, en had daar een lift terug geregeld. Pontificaal op de praam van Gerben Zonderland, met zijn bootje er vrolijk dobberend achteraan, kwam hij ons in de verte tegemoet. Netjes gedaan, vond hij zelf, en het kleine meisje was helemaal niet bang geweest.

Zijn moeder smeekte me hem niet dood te slaan en verrot te schelden, en dat heb ik toen uit pure opluchting, en omdat ik niet wil dat het joch een angsthaas wordt, ook maar niet gedaan. Maar ik heb wel met haar afgesproken dat we hem voortaan helder en rustig gaan wijzen op echte gevaren/ zijn telefoon mee gaan geven/ een tijd gaan afspreken/ grenzen aan zijn vrijheid gaan stellen/ en gaan verbieden iets achterlijks te doen. Want overbezorgd is misschien niet goed, maar met voorzichtig en verstandig is helemaal niks mis. Een kind ziet geen gevaar.

EDOX
WEEKEND TROUBLE

I KNOW
DS TOT 14
YOU LOOK COOL
14+
SUPREME

EDOX LES BÉMONTS OPEN VISION, REF. 85021 3 AIN, SWISS MADE AUTOMAAT, EDELSTAAL, 42MM, SAFFIERGLAS, 30M WATERDICHT, LERENBAND, € 995,-

EN DAN IS DE DAG AANGEBROKEN DAT JE KUIKEN UITVLIEGT! WIJ ZEGGEN: LIEFST ZO ROND EEN JAAR OF 18, MAAR DAAR HEB JE ALS VADER OOK AL NIETS OVER TE ZEGGEN, HET IS GEWOON AFWACHTEN EN ECHT AANDRINGEN KAN FEITELIJK PAS VANAF EEN JAAR OF 23. HOE! DAN! OOK! OOIT IS HET ZOVER, HET KIND GAAT STUDEREN EN OP KAMERS, SAMENWONEN DAN WEL TROUWEN, OF OP WERELDREIS NAAR – NOU JA – DE WERELD. EEN MOOI MOMENT OM EVEN TE OVERWEGEN: WAT GEEF JE JE KIND NOG MEE AAN GOEDE RAAD EN SPULLEN?

KIDS TOT 20

Ik hoor je denken: beetje laat als je daar dan op zo'n moment nog over moet nadenken. En je hebt gelijk: als het goed is heb je ze bijgebracht dat ze niet met vreemde mannen/vrouwen moeten meegaan, tenzij deze de indruk maken van gegoede komaf te zijn en knappe kunstjes in de seksuele sfeer te beheersen. Je mag aannemen dat ze weten dat je elke dag moet douchen, afwassen, de wekker zetten en op tijd naar werk of studie af te reizen (WANT DIE BETAALT PAPA NOG STEEDS). Dat ze niet te veel GHB en alcohol gebruiken en tegen oude mensen altijd met twee woorden spreken. En hun vitamientjes eten.

Maar het kan geen kwaad ze toch nog een keer voor het laatst in te fluisteren dat je vertrouwen in ze hebt, dat ze geen shit moeten pikken van niemand, dat ze je wijze lessen moeten onthouden, dat je deur altijd openstaat en ze met alles en dan ook alles (nou okee, met chlamydia ga je maar naar je moeder) bij je terecht kunnen.

Dan verhuis je hun schamele bezittingen met een gehuurd busje dat jij als laatste daad van dagelijks vaderschap bestuurt, je stelt het modem in, saust de wanden en kijkt met misprijzende blik naar de bevlekte twijfelaar, kust je zoon of dochter een fijn leven, en stevent met een lege plek in je hart naar huis, waar moeder onbedaarlijk zit te huilen van het lege-nest-syndroom, zo much voor de empty-nest-seks voorlopig.

Ook jij gaat ze missen, en ook niet, want het is best prettig, eindelijk weer tijd en ruimte voor jezelf en elkaar, zonder een slungel op de bank, maar ja. Wen er maar aan, binnen no time zie je hem of haar nog maar eens per week, dan eens per maand, dan met je verjaardag en kerstmis. Bellen? Alleen nog maar om geld, nauwelijks verholen met een beleefd informeren naar je gezondheid.

Anyway: als je kind vertrekt is het een mooie gewoonte een afscheidscadeau mee te geven. En dan niet een Ikea-bestekje, drie blikken latex en voldoende macaroni-elle-boogjes voor een jaar. Maar iets waar men iets aan heeft dan wel persoonlijk van aard is. Zoals, we noemen maar wat: een mooi horloge. Een tablet. Een vakantiereis. Een elektrische fiets dan wel scooter, of een gebogen mega-tv van minstens 4K, een vorm van Oled en meer dan 50 inch! Dat kost natuurlijk geld, maar maakt het kind ook blij en markeert op een stoffelijk-symbolische wijze het afscheid. Ook grappig: als je kind een beetje turbulent liefdesleven heeft, houdt je die beeldbuis nog twintig keer vast bij evenzovele verhuizingen, inclusief drie keer naar het ouderlijk huis.

Zie de selectie presentjes op deze pagina als inspiratie, en verras je uitreizende kroost met een mooi cadeau. Zodat ze weten: zo goed als bij papa, krijg ik het nimmer meer.

AIR PORT
DEPARTURES
GATE
NEW YORK 17
HON KONG 23
MILANO B
TOKIO 12
LOS ANGELES 24
PARIS 19
LONDON 18
CHECK-IN
I HATE BOYS
DARTH VADER IS NOT MY DAD!

APPS

TUURLIJK SCHATJE
NIET ZO GEESTIG ALS DIT BOEK, MAAR EEN ALLESZINS DAPPERE POGING. GEEFT DAGELIJKSE TIPS.

SAMSUNG KIDS MODE
EEN SPECIALE MODUS OP JE SMARTPHONE WAARDOOR JE KIND MAKKELIJK EN ZONDER CONSEQUENTIES MET JE TELEFOON KAN SPELEN.

SAMSUNG SAFETY SCREEN
GEEFT AAN WANNEER EEN KIND TE LANG NAAR HET SCHERM KIJKT OF ER TE DICHT BOVENOP ZIT.

SNUGGER
SNUGGER IS DÉ APP VOOR TABLETS WAARMEE JE EENVOUDIG DE ALLERBESTE KINDERMEDIA VOOR JE KIND VINDT. OF HET NU GAAT OM FILMS, GAMES, BOEKEN OF APP'S. JE WILT DEZE APP.

'VOLGENS MIJ BEN JE AL EEN HELD ALS JE BIJ DE BEVALLING BENT EN NIET FLAUW VALT.'
WIE? KLUUN
WAT? SCHRIJVER

VOORAF

Hoe heten je kinderen?
'Lola is tien, Roos dertien en Eva bijna negentien. Eva woont nu niet meer bij mij, maar in een appartementje dat ik voor haar en een vriendinnetje heb gekocht.'

Je bent niet meer samen met hun moeders.
'Klopt. Eva komt uit mijn eerste huwelijk. Judith overleed toen Eva drie was. Natalie is de moeder van Lola en Roos. We zijn vijf jaar geleden gescheiden, maar hebben goed contact. De kinderen pendelen op en neer. Twee à drie dagen in de week zijn ze bij mij.'

Wil je nog meer kinderen?
'Nee. We twijfelden al of we een derde wilden. Dat hebben we gedaan en daar zijn we hartstikke blij mee, maar daarna vonden we het allebei mooi geweest.'

VADER WORDEN

Was je een held bij de bevalling?
'Volgens mij ben je al een held als je erbij bent en niet flauwvalt. Het is heftig dat je de enorme pijn ziet, maar niets kunt doen. Als man ben je totaal machteloos. Die heftigheid is een soort shock.
Er is niets, zelfs de dood niet, dat zo dichtbij de natuur staat als een bevalling. In onze moderne, westerse wereld wordt ieder pijntje onderdrukt met narcose en paracetamol. Alles is voorspelbaar, behalve een bevalling. Andere mannen kunnen je erover vertellen, maar dat is hetzelfde als een marathon lopen: je weet pas echt hoe dat is als je het zelf hebt meegemaakt. Achteraf bleek die eerste bevalling soepel. De twee erna waren zwaarder. Bij de geboorte van Roos ging het bijna fout en sindsdien ben ik tegen thuisbevallingen. Uit alle onderzoeken blijkt dat wij wat dat betreft een achterlijk land zijn. Thuis bevallen is een geromantiseerd ideaal, aangemoedigd door verzekeraars en verloskundigen als Beatrijs Smulders. Vijftig procent van de eerste bevallingen eindigt in het ziekenhuis. Bij Judith ging dat goed, maar bij Roos zat de navelstreng om haar nek en moest Naat halsoverkop naar het ziekenhuis, anders was het fout afgelopen. Daarom ben ik voorstander van bevallen met experts om je heen. Dan maar geen kussentjes en kaarsjes.'

Wat was het eerste wat je dacht toen je je baby in je armen had?
'Om twaalf uur 's nachts was ik jarig en kreeg ik van Judith zo'n babydraagzak. 's Morgens om kwart voor zes kreeg ik het kind erbij. Ik schoot meteen in een regelmodus: dingen halen, dingen doen, kraamvisites afspreken, vier keer per dag naar de apotheek en de drogist. Na een dag of twee zei Judith: neem nou eens rust. Dus ging ik op de bank liggen, de baby op m'n buik. Toen pas besefte ik: ik lig hier met mijn eigen kind. Dat is mijn eerste emotionele herinnering aan vader worden.'

Is je leven beter of slechter nu je vader bent?
'Beter! Ik heb nog nooit iemand gehoord die spijt heeft van kinderen krijgen. Hoewel het natuurlijk een gedoe is, zo'n kind. Het goede ervan is, met name voor mannen, dat je wordt weggeslingerd uit het middelpunt van het universum. Het is een vorm van liefde die je nooit kunt kennen voordat je kinderen hebt gehad. Het is totaal anders dan vriendschap, liefde voor je partner of voor je ouders. Een kind is een verrijking voor ieders leven. Maar het is niet leuk, die eerste jaren. We gingen toen regelmatig met z'n drieën uit eten, dat was weleens gezeik. Begon Eva te janken, dan stapten we na het voorgerecht maar weer op. We liepen terug naar huis met zo'n kinderwagen, ik boos. Dus dit is mijn leven vanaf nu, dacht ik. Nou ja, dat leven met een kind valt uiteindelijk toch best mee. Het gaat allemaal steeds makkelijker.'

Had je nog wel tijd voor jezelf, om met vrienden naar de kroeg te gaan, voor sport en werk?
'Zoals ik het ervoer niet, maar dat is natuurlijk

wel zo. Met z'n tweeën of alleen kun je alles zelf bepalen. Altijd. Met een baby niets meer. Nooit. Zij bepaalt de sfeer, wanneer je wat doet. Anderen kunnen er misschien makkelijk aan wennen, maar ik heb een enorme behoefte aan vrijheid – daarom ben ik blij met mijn beroep. Voor mij was het lastig wennen aan het idee dat iemand afhankelijk van je is en alles bepaalt. Dat vond ik moeilijk, maar ik heb er geen spijt van.'

Hoe ging je daarmee om?
'Door af en toe gefrustreerd te zijn. Het was een gewenningsproces. In die tijd werd Judith ziek. Ik wist dat ik uiteindelijk alleen met Eva zou overblijven. Dat schepte een enorme band met Eva. Maar ik heb weleens te doen met mensen van kleine kinderen. Laatst in de apotheek stond er een vrouw met een peuter van een jaar of twee, die liep te janken en te schreeuwen.

DE KINDEREN

Wiens idee was het om een kind te krijgen?
'We trouwden in 1995 en waren op huwelijksreis in de zuidelijke staten van Amerika. Toen we bij het kuststrookje Gulf Shores in Alabama waren, zei ik tegen Judith: waarom beginnen we niet gewoon nú aan kinderen? We hebben daar ritueel de pil doorgespoeld in de wc. Daarna duurde het nog twee jaar voordat Eva er was. Met Naat voelde het vanzelfsprekend dat er nog een kind zou komen.'

Hield je überhaupt van kinderen?
'Ik was niet zo'n oom die je plezier deed met oppassen op m'n nichtjes. Ik vond het leuk om met mijn neefje te voetballen, maar ik was geen grote kindervriend.'

'EEN MAN MET KINDERWAGEN IN HET VONDELPARK IS EEN BABE MAGNET.'

De vrouw schaamde zich kapot. Ik weet hoe het is, zei ik, het gaat weer over. Ze was blij met wat steun, want op zulke momenten word je gek van zo'n mormel dat het bloed onder je nagels vandaan haalt, zonder dat je er iets aan kunt doen. Dan moet je zen zijn en dat lukt niet altijd. Zeker mannen kunnen zulk kindergedrag niet altijd met liefde beantwoorden.'

Wat vinden je dochters van jou?
'Volgens mij zijn ze tevreden. Ik ben duidelijk, rechtlijnig en hecht veel waarde aan aardigheid, beleefdheid: mensen aankijken, gedag zeggen in winkels. Dat maakt het leven leuker. Als je zelf vriendelijk bent, zijn mensen vaak ook vriendelijk naar jou. En ik leer mijn dochters dat je zelf de baas bent over je leven en lichaam. Dus dat je anderen niks kwalijk kunt nemen: je hebt het altijd

zelf in de hand. Behalve natuurlijk als je ernstig ziek wordt of een ongeluk krijgt in het verkeer, maar voor de rest heb jij altijd de controle, niet je vriendje of de baas of je hypotheekgever.'

Zeggen ze wat ze van je vinden?
'Ze weten dat ik behoefte heb aan vrijheid, en ik laat hen ook vrij. Ze mogen bijna alles, als ze het maar even vragen. Als we elkaar een weekend niet hebben gezien, zeg ik weleens nee. Vrijdag na de Boekenweek wil de Roos ergens logeren. Dat gaan we dus niet doen, zei ik. Zoiets snappen ze.'

Lijken ze op jou of op hun moeder of op de melkboer?
'Fascinerend vind ik dat ze alle drie een optelsom van vader en moeder zijn, maar ieder met een verschillend uiterlijk en karakter. Judith had een eigen bedrijf, was onafhankelijk, sociaal en streetwise, dat zie ik terug in Eva. Maar ik herken mijzelf ook in haar: gister zei ze dat het prima gaat op de universiteit, maar dat ze een leuk leven minstens zo belangrijk vindt. Bij Roos herken ik juist een enorme leergierigheid. Ze haalt negens en tienen op het gymnasium. Daarin lijkt ze op haar moeder. En Lola vindt het leuk om gek te doen en daarmee aandacht te krijgen. Dat had ik ook als kind, en ik vind het nog steeds leuk om op het podium te staan.'

MOEDER DE VROUW, DE LIEFDE

Veranderde je vrouw sinds ze moeder werd?
'Iedere vrouw verandert als ze een kind krijgt. Mannen ook, maar vrouwen intenser. Heel simpel: als man ben je je vrouw in die eerste jaren gewoon kwijt, punt.'

Hoe ging je daarmee om?
'Dat is wennen met z'n tweeën. Wil je relatie overleven, dan moet je samen een slag maken. Toen ik een jaar of veertien was, zei mijn moeder dat mijn zus en ik heel belangrijk voor haar waren, maar dat onze Jan nog veel belangrijker voor haar was, want daar ging ze heel haar leven mee door. En zo vind ik het ook. Als je je relatie goed wilt houden, moet je blijven begrijpen dat je óók man en vrouw bent, niet alleen vader en moeder. Bij vrouwen zie je weleens de status van de verslonzing toeslaan nadat ze moeder zijn geworden. En sommige heteromannen veroorloven zich na hun vijftigste zo'n dikke buik, slechte kappers en onderuit liggen op de bank. De verveling kan van beide kanten komen. Dus: onderschat nooit de behoeftes van je partner om ook als man of vrouw te worden gezien.'

Seks, wilde dat nog een beetje?
'Dat valt daaronder. Er zijn maar een paar echtparen in mijn omgeving die ik als voorbeeldrelatie zie, waaronder mijn ouders. Totdat mijn vader dood neerviel aan een hersenbloeding hadden zij een goed seksleven. Ze liepen er niet mee te koop, maar zeiden af en toe tegen elkaar dat ze zoveel van elkaar hielden. Seks is het meest intieme wat er is. Als dat niet meer goed zit, is dat het begin van het einde. Altijd.'

Heb je advies voor collega-mannen om de boel, indien ingedut, weer vlot te trekken?
'In elke huwelijk gebeurt wel iets. In steden gaat één op de twee huwelijken kapot, in het algemeen één op de drie. Dat heb je niet altijd onder controle. Het is de kunst je partner als begeerlijk wezen te blijven zien. En daar zelf moeite voor te doen. Dat moet van twee kanten komen en is niet in iedere fase van het leven even gemakkelijk. Never take each other for granted.'

Is een kind een goed accessoire voor je aanzien als man?
'Absoluut. Een man met kinderwagen in het Vondelpark is een babe magnet. Die oerdrang van vrouwen is dezelfde als die van mannen naar vrouwelijke vormen: het is een teken van vruchtbaarheid. Je kunt alleen niks met de aandacht,

want je hebt een kind bij je. Maar: niets voelt manneliijker dan je eigen dochter beschermen.'

ZORGEN

Wie zorgde thuis het meest voor de kinderen?
'Judith en ik hadden allebei een eigen bedrijf. Dat was hard werken. Daarna kreeg zij kanker en chemokuren, dus zorgde ik voor Eva. Toen Roos klein was, kreeg ik het drukker met schrijven en werd ik daarmee succesvoller. Naat werkte niet; we hadden een traditioneel rollenpatroon. Zij verzorgde de kinderen en bracht ze naar school, ik haalde ze op als ik tijd had en dronk 's middags thee met ze, daarna ging ik weer schrijven.'

Waren er dingen die je absoluut niet deed?
'Nee, ik ben altijd degene geweest die alle luiers verschoonde. Dat was mijn specialiteit. Ik deed het overal: onderweg, op vreemde wc's, op auto's. Daar had ik geen moeite mee. Maar bij Lola was ik die luiers ineens beu. En Judith gaf geen borstvoeding, dus gaf ik vaak flesjes. Dat vond ik fijn om te kunnen delen.'

Wat is jouw stijl van vaderschap?
'Mijn vriendin en ik zijn de baas in huis. Er is geen democratisch jaren zeventig-model, maar we beslissen alles met argumenten en als m'n dochters het ergens niet mee eens zijn, wil ik dat altijd van ze horen. Ik kan dingen ook fout zien of aanpakken. Zoals in de enige ruzie die ik ooit met Eva heb gehad, toen ze vijftien was. Ik had ouders van een vriendinnetje van haar gebeld, omdat ik vond dat het niet zo goed met dat meisje ging. Daar had ik gelijk in, maar Eva nam het me kwalijk dat ik haar overruled had. Ik zei haar: ik ben ook pas voor het eerst vader van een dochter van vijftien. Ik probeer ze te leren dat ouders fouten maken en weleens chagrijnig zijn, dat ik ook gewoon mens ben.'

PRAKTISCH

Vakantiebestemming met kinderen?
'Ibiza. Dat is een heel ander eiland dan het beeld dat ervan heerst. We hebben er een huurhuisje met zwembad, bovenop een berg. De kinderen vinden het fantastisch: er zijn vijftien stranden, veel restaurants en mensen die we kennen. En maar twee uurtjes vliegen. Toen Roos klein was, gingen we weleens naar Frankrijk. Aan dat land heb ik zo'n bloedhekel. Alleen Parijs is leuk, maar daar beneden, bij Bordeaux en de Provence en hoe heet al die flauwekul? Zo burgerlijk. Ik krijg er echt bultjes van. Afschuwelijk. Nu de kinderen ouder worden, gaan we meer met ze ondernemen. Afgelopen winter gingen we naar Lapland, met sleehondentochten. Deze zomer gaan we naar Costa Rica en mijn ex neemt ze daarna mee naar Mexico. De kosten delen we.'

Favoriete kinderboek?
'Heel veel. Tip: wil je kinderen aan het lezen krijgen of een taalgevoel bij ze ontwikkelen, lees voor! Dat heb ik tot hun tiende gedaan. Dé kinderschrijver is toch wel Roald Dahl. Met Lola ben ik nu bezig in een nieuwe uitgave van *Alleen op de wereld*.'

Favoriete kinder-tv?
'*Wie is de mol*. Geen kinderprogramma, maar Lola en Roos zijn er weg van. Dat kijken we altijd samen. Alle kinderfilms op Netflix heb ik met ze gezien, en we gaan regelmatig naar de bioscoop. De laatste was *De Grote Vriendelijke Reus*.'

Favoriete kindereten?
'Spaghetti carbonara zoals mijn vriendin die maakt. En het zijn echt Oud-Zuidkinderen: ze houden niet van friet maar van sushi.'

Wanneer mag een kind mee uit eten?
'Meteen. Zo snel mogelijk meenemen. En leren dat ze zich moeten gedragen. Dat je niet mag rennen in een restaurant, dat je tussendoor mag

TOEN ROOS KLEIN WAS, GINGEN WE WELEENS NAAR FRANKRIJK. AAN DAT LAND HEB IK ZO'N BLOEDHEKEL. ZO BURGERLIJK. IK KRIJG ER ECHT BULTJES VAN.

tekenen, maar niet tijdens het eten, en dat ze zelf de ober kunnen roepen en een colaatje mogen bestellen. Ze moeten zich gedragen, maar kinderen mogen er best zijn in een restaurant.'

Voorbeeldvader?

'Bill Cosby, toen die nog netjes was. Goh, wat vond ik dat een geweldige vader. Maar de man bleek anders in elkaar te zitten dan we dachten. Alles wat je nu over hem zegt is meteen besmet, dus eigenlijk bedoel ik: Bill Cosby in de rol van Dr. Huxtable. Toen ik een jaar of zestien was en die serie op tv zag, vond ik zijn gezin al inspirerend: een goed opgeleide man en vrouw met drie of vier kinderen en veel humor. Ze deden gekke dansjes met elkaar, net als wij thuis op de clubliederen van Ajax, Feyenoord en PSV onze eigen dansjes hebben.'

WAT IS JE ULTIEME PAPA-TIP?

'Voordat een vliegtuig opstijgt, zegt de stewardess altijd: als de pressure wegvalt, doe je eerst je eigen mondkapje op, pas daarna help je anderen. Dat vind ik een mooi metafoor voor het leven. Er is niemand die erin slaagt alleen maar anderen gelukkig te maken en tegelijkertijd zichzelf wegcijfert. Daar word je chagrijnig van. Je moet eerst denken aan jezelf, dan pas kun je er voor je omgeving zijn. Dat lijkt in tegenspraak met wat ik eerder zei, dat je wordt weggeslingerd uit het centrum van het universum. Tot je kinderen krijgt, kun je onbeschaamd egoïstisch zijn, waarom zou je niet? Je doet maar, hoeft met niemand rekening te houden. Met kinderen kan dat niet meer en zo hoort het ook. Maar dat betekent niet dat je jezelf moet vergeten. Bijna alle gelukkige ouders hebben los van hun kinderen ook een leuk leven. Mijn zus in Tilburg vult dat anders in dan vrienden hier in Amsterdam, maar het principe is: zorg eerst dat je zelf gelukkig bent, daarna kun je ook een leuk en blij mens voor je omgeving zijn.'

PLOF

KIP

GOUDEN TIP

OVERLEG MET ELKAAR OVER DE OPVOEDING!

'Opvoeden doe je samen'. Zou je zeggen. Toch? Toch?! Vergeet het maar. In werkelijkheid gaat het meestal zo: je hebt een moeder met ideeën en opvattingen en hebt een vader met – als je geluk hebt – ook een soort van plan. Ieder gaat zijn eigen weg en ook gedurende de dagelijkse praktijk van het grootbrengen zijn de overlegstructuur en eensgezindheid vaak ver te zoeken.

Hoe komt dit? Je zou toch zeggen dat je over zoiets belangrijks nadenkt voordat je pil en condooms weggooit? Je zou toch denken dat je samen even je gevoelens en opvattingen over het behandelen van kinderen naast elkaar legt? Of je streng of los bent, van de corrigerende tik of het overlegmodel? Voeden we het op in geloof of atheïsme, krijgt het steunzolen of Nikes, vergeten groente of plofkip speciaal?

Waarom zoeken we niet uit wat we vinden, voelen en willen, voordat het te laat is? Welnu: dat begint al bij de babywens. De vrouw wordt bevangen door hormonale barensdrift en wil gewoon een baby. De man denkt: mooi, dan hebben we de komende tijd heel veel seks. En dan is daar plotseling de baby, die al direct aan van alles behoefte blijkt te hebben, bijzonder veel lawaai maakt en tot vele keuzes dwingt.

Een prachtig moment om alsnog met elkaar in overleg te gaan, zou je zeggen. Maar: bij de jonge moeder komt het niet op – die weet immers 'instinctief' wat goed is voor haar welp – en de vader kijkt wel uit voor hij zijn lichamelijk en geestelijk licht ingescheurde wederhelft tegenspreekt.

En zo groeit langzaam en ongemerkt de kloof. Of laten we zeggen: de segregatie. Het moederschip doet haar ding, vader wordt een soort guerrilla, die zijn waarden en normen tijdens papadagen stiekem in het kinderhoofdje propt: 'niet aan mama vertellen, hoor'... Het is een wonder dat de meeste kinderen niet schuimbekkend van de schizofrenie bij de psychiater zitten.

Kan dat nou niet anders? Jazeker: je zou samen kunnen praten over de opvoeding. Maar dan moet je als vrouw niet iedere aanmerking of aanvulling zien als frontale-aanval-met-mes-in-je-rug. En dan moet je als vader serieus uitleggen waarom jij doet wat je doet en vindt wat je vindt en dat je meent dat jouw opvoedmethode net zo gunstig en gezond is voor jullie kind als alle lieve zorgen van je vrouw. Probeer nou maar: wie weet komen jullie samen op één mooie, complete lijn. En anders kun je altijd nog gaan scheiden.

DE SCHEIDING

WANT JE WEET HET MAAR NOOIT...

Drie van de vier makers van dit boek hebben een scheiding achter de rug. Het gebeurt nogal eens, willen we maar zeggen. Heemskerk legt uit hoe je daar een beetje leuk mee om kunt gaan.

Leuk is anders en je had het graag anders gezien, maar je gaat scheiden. Geeft niks: je bent in goed gezelschap, want ongeveer veertig procent van je getrouwde lotgenoten overkomt hetzelfde, en we hebben alle reden aan te nemen dat het met ongetrouwde ouders niet veel anders is. Bovendien, en nogmaals, je bent in goed gezelschap, want alle drie de mannen die dit boek hebben samengesteld, hebben inmiddels een scheiding achter de rug, en als je het ons vraagt, tel je eigenlijk niet mee voordat je minimaal één keer bent gescheiden.

Maar dat is stoer gelul.

De scheiding, gemiddeld genomen, is een behoorlijk traumatische gebeurtenis. Je bent immers ooit vol goede moed, vlinders in je buik en natte dromen van een leven lang net-zulke-top-seks-als-in-het-begin in dat bootje gestapt met die vrouw. Je hebt eeuwige trouw, tot de dood ons scheidt en al je centen en aardse goederen aan die chick beloofd. Je hebt – nemen we aan, in het kader van dit boek – een kind of zelfs diverse kinderen met haar gemaakt.

En hoe het nou ook helemaal precies is misgegaan, doet niet zo vreselijk ter zake. Goed, het ware voor de verhoudingen beter geweest als zij niet door jou was betrapt in het echtelijk bed met de tennisleraar, op het moment dat zij gierend klaarkwam onder een luid 'geef me je mokerhamer en rag me gek zoals Pinkeltje me nog nooit heeft klaargeneukt!' Of andersom, dat ze jou onderbrak terwijl jij balls deep in het kanaal van rijpe buurvrouw Hannie zat vastgeschroefd, met een cowboybroek zonder billen aan en een paardenstaartbuttplug rotsvast in de poeperd. Dat zijn van die momenten die je als bedrogen wederhelft moeilijk kunt loslaten en die kunnen leiden tot diepe rancune, die op zijn beurt de soepele afwikkeling van de scheiding bemoeilijkt.

Maar gelukkig zijn de meeste scheidingen van de huis-tuin-en-sleur-variant. Gevalletjes op elkaar uitgekeken, de langzame seksdood-na-de-baby, het doolhof ingewandeld en de weg terug nooit meer gevonden, het gruwelijke nog-50-jaar-te-gaan-visioen, de midlifecrisis, noem maar op. Allemaal van die kan-gebeurendingetjes die desondanks net een tikje te hardnekkig en gecompliceerd zijn om zomaar weer te repareren. En ja, ook de gevallen waarbij men te belazerd of gemakzuchtig is de relatie nog een tweede kans te geven, omdat het gras overal groener is, Tinder vol met bloedgeile seksdates staat, en hoe moeilijk kan het nou helemaal zijn, zo'n co-ouderschap?

Nou, behoorlijk lastig, maar daarover later meer!

Desondanks, zoals gezegd, de scheiding is een traumatische gebeurtenis. De boel moet verdeeld, het huis ver- of uitgekocht, een regeling voor de kinderen bedacht en de sfeer is op z'n best gelaten, op z'n slechtst ronduit vijandig. Een ideaal klimaat voor misverstanden en handelingen waar je later spijt van hebt, en denk dan niet in termen van weken of maanden, maar jaren en jaren! En jaren.

Het ding is namelijk: je hebt een kind of kinderen met je ex. En even aangenomen dat je niet

van de wie-het-krijgt-mag-het-houden-cultuur bent, zit je voor de rest van je natuurlijke leven vast aan je nageslacht, en daarmee aan je ex. Want die kinderen wonen – normaal gesproken – bij jou en bij haar, en moeten dus de hele tijd gehaald en gebracht. Met bijbehorende awkward momenten aan de voordeur. De kinderen gaan naar school, dus moet je samen naar ouderavond, of twee keer apart. Er worden diploma's gehaald en er zijn sportwedstrijden, verjaardagen, wat doe je met de kerst en hoezo dan Sinterklaas. Elders in dit boek lees je al een en ander over de financiële gevolgen van het splitsen van één huishouden in twee. Een ex, geloof ons, daar kom je nooit meer van af.

Als dat je een gruwelijk vooruitzicht lijkt: dat klopt. Het went nooit. Kijk, normaal gesproken is zoiets heel makkelijk. Mag je iemand niet meer, om wat voor reden dan ook, verbreek je gewoon het contact en blijft diegene hooguit een nare herinnering. Met je ex kan dat niet, daar zit je aan vast. En blijft er dus steeds zout in die open wond dwarrelen.

Hoe, nu, maak je deze situatie draaglijk? De hamvraag. Allereerst: realiseer je dat je enkel invloed hebt op je eigen gedachten, gevoelens, en handelen. Niet op die van je aanstaande ex-vrouw. Op z'n best kun je proberen haar te overtuigen van jouw zienswijze, maar is en blijft ze boos of begrijpt ze je niet, dan houdt het op. En zul je eventueel moeten leren dealen met verdriet, tegenwerking, agressie en frustratie. Pech. Je hebt gedaan wat je kon.

Twee: wat ook de reden is van jullie breuk, je moet hem accepteren en de relatie achter je laten. Of jij nou degene was die de knoop heeft doorgehakt of zij 'de schuldige' was, jullie zijn hier aangeland, het kan niet worden teruggedraaid (tenzij wel, maar dat is een ander verhaal) en het komt nooit meer goed. Accepteer je eenmaal dat het over en voorbij is, wordt het je namelijk vanzelf duidelijk dat het ook geen zin meer heeft er energie in te steken. Vanaf nu zijn haar problemen niet langer jouw problemen, en andersom. Anders hadden jullie net zo goed bij elkaar kunnen blijven, en kijk waar dát jullie heeft gebracht. Toch?

Precies.

Dus: vanaf het moment dat de bijl is gevallen, stel jij je op het standpunt dat de relatie voorbij is en het dus niet langer zinvol is te blijven praten over waarom het is misgegaan, wat er allemaal verkeerd is aan de ander, en wat je allemaal van de ander zou willen. HET IS NAMELIJK UIT! JE HEBT NIETS MEER TE WILLEN!!!

Sorry. Dat moest er even uit.

Probeer je ex dus vanaf dag één in woord en daad duidelijk te maken dat het relatieloket is gesloten en ook niet meer opengaat. Jullie zijn nog papa en mama, maar niet meer man en vrouw. Dus vanaf nu kan ze met haar shit terecht bij haar moeder, al die vriendinnen die jou toch al nooit moesten en de empathische tennisleraar. Oók als zij helemaal niet wilde scheiden en jij degene was die er een eind aan heeft gemaakt: heel vervelend, maar niet langer jouw probleem. En je blijft ook niet slapen voor seks met de ex. Dit klinkt harteloos, maar in werkelijkheid is het juist heel humaan: je voorkomt dat jullie eindeloos oude koeien blijven herkauwen en telkens onverrichterzake uitkomen op hetzelfde punt: de reden waarom jullie uit elkaar zijn gegaan. En het bijbehorende tranendal.

EEN EX, GELOOF ONS, DAAR KOM JE NOOIT MEER VAN AF. ALS DAT JE EEN GRUWELIJK VOORUITZICHT LIJKT: DAT KLOPT. HET WENT NOOIT.

Een ander ding waarmee je meteen korte metten moet maken: schuldgevoel. Het siert je dat je je het verdriet van vrouw en kinderen aantrekt, en je moet zeker hun belangen en gevoelens in ogenschouw nemen als je gaat scheiden; je bent geen onmens! Maar schuldgevoel is een slechte raadgever. En wel omdat de term 'schuldgevoel' suggereert dat iemand 'schuld' heeft aan de scheiding, terwijl een scheiding niets meer of minder betekent dan dat twee mensen in een relatie ontdekken dat ze niet (meer) bij elkaar passen. Of één van de twee, wat op hetzelfde neerkomt. Daar kun je per saldo weinig aan doen. En dat doe je zeker niet expres.

PROBEER JE EX VANAF DAG ÉÉN IN WOORD EN DAAD DUIDELIJK TE MAKEN DAT HET RELATIELOKET IS GESLOTEN EN OOK NIET MEER OPENGAAT. JULLIE ZIJN NOG PAPA EN MAMA, MAAR NIET MEER MAN EN VROUW.

Met name mannen hebben nogal de neiging de 'schuld' naar zich toe te trekken, misschien wel omdat zij doorgaans degenen zijn die huis en haard moeten verlaten en een nieuw leven beginnen op een aftandse flat in een levensgevaarlijke prachtwijk. En dus op het oog het gezin in de steek laten. Terwijl in werkelijkheid juist dat gezin meestal min of meer kan doorleven zoals het gewend is, terwijl wij in diepe armoede en eenzaamheid wegkwijnen. Want scheiden kan, als je niet oplet, een kostbare kwestie worden.

Verwar dus verdriet en rouw niet met schuld en sta van meet af aan op je recht. Maak duidelijk dat jullie in jouw optiek ieder evenveel verantwoordelijkheid dragen voor het falen van de relatie, en dat je de schuldfactor onbespreekbaar vindt. Voor jou telt slechts een goede en gelijkwaardige regeling en afhandeling met het oog op het belang en geluk van de kinderen. Een puur functionele werkrelatie, goedschiks, maar desnoods kwaadschiks.

Het is namelijk niet gezegd dat je ex de redelijkheid van je standpunt zal zien, en de kans bestaat dan ook dat je een verschrikkelijke tijd tegemoet gaat dankzij een haatdragende heks die je op alle denkbare manieren, inclusief via de kinderen, zal proberen kapot te maken. Emotionele chantage, schenden van bezoekregelingen, valse beschuldigingen, alles wat met 'die hoer' te maken heeft; de hel kent geen furie als een versmade vrouw. In die zin moet je maar hopen dat zij jou verlaat... en zelfs dan weten de meeste vrouwen het nog zo te draaien dat het eigenlijk jouw schuld is, en je dus toch driekwart van je salaris moet inleveren om haar te blijven onderhouden op de manier waaraan ze dankzij jou, sukkel, gewend is geraakt.

Loop niet in die val en blijf altijd correct maar duidelijk. Nee: jij gaat niet meer betalen of een ongunstige regeling met de kinderen accepteren omdat mevrouw de ex boos is of anderszins meent dat ze daar een godgegeven recht op heeft. Dan is namelijk het hek van de dam en blijf je dokken tot je blauw ziet. Dat mag niet gebeuren.

Kijk: we gaan zeker niet zeggen dat ze je geen pijn kan doen, dat kan ze wel. Er zijn gevallen bekend waarin bijvoorbeeld de kinderen jarenlang zijn vergiftigd door een rancuneuze ex, en de relatie met de vader pas jaren later kon worden genormaliseerd – of nooit. Maar je laten inpakken door emotionele chantage levert ook niets op. Je wordt alleen maar geplukt en het leven zuur gemaakt, en de dreiging van erger hangt je onverminderd boven het hoofd. Denk in hoge nood aan het standpunt van de Amerikaanse regering inzake gijzelaars: we laten ons niet chanteren door terroristen! Soms gaat het goed, soms gaat het mis, maar we laten in elk geval niet met ons sollen.

Daar komt bij: als de ander voelt dat hysterisch en agressief gedrag niets uithaalt, wil men na verloop van tijd nog weleens kalmeren en voorzichtig overwegen de zaak eens van de constructieve kant te bekijken: hoe kunnen we het beste onze zaken regelen? Zodat we er in deze nare situatie voor alle betrokkenen het beste van maken! Hoe kunnen we allebei weer verder met ons leven zonder de ander? En zijn we daar aangeland, liefst zo snel mogelijk, maar desnoods na een jaar of twee, dan kunnen we mijlen gaan maken. Bedenk: de scheidingsindustrie verdient miljoenen aan vechtscheidingen – hoe ruiger, hoe beter.

Denk aan al die handenwrijvende advocaten, die minutieus jouw Spotify-playlist zitten verdeelvlooien à tweehonderd euri per uur. Denk aan de gladde mediators, die eindeloos emotionele littekens verdisconteren in klinkende munt. Denk aan je lieve geldje en je nieuwe, mooie toekomst, die heus, echt waar, achter de horizon ligt. En blijf dus altijd waardig, geduldig en vastberaden: ooit word je voor je opstelling beloond, al is het maar door de kinderen, die ook niet achterlijk zijn en echt wel onthouden hoe hun ouders zich tijdens en na de scheiding hebben gedragen tegen elkaar.

Geheimtip onzerzijds: kijk eens op de site www.gelijkwaardigscheiden.nl. Als er een eerlijker en neutraler manier van scheiden bestaat, hebben wij hem nog niet gezien. Meen je het echt met een eerlijke verdeling en een gelijkwaardige regeling, waarbij ook is gekeken hoe je financieel zo min mogelijke schade aanricht: waag er een belletje aan. Wij kennen die mensen.

Ben je eenmaal gescheiden, zul je ontdekken dat het één-ouderschap – al is het maar parttime – een hele kluif is. Zeker als jij de 'kostwinner' was en veel van de kinderzorg aan je ex kon overlaten. Dat gaat nu niet meer. Pas dus je leven aan de kinderen aan, in plaats van de kinderen te vragen zich aan jou aan te passen. Probeer ook altijd een volwaardig co-ouderschap te regelen, en doe het niet voor twee maal in de maand een weekend. Je krijgt daar later spijt van als je kinderen onvermijdelijk vreemden voor je zijn geworden.

En is het jouw beurt om te co-ouderen: maak er dan verdomme wat van. Kook met die kinderen, ga naar de film met die kinderen, vertel urenlang verhaaltjes aan de kinderen en wéés die lollige papa waar je ex over zal klagen omdat de kinderen baat hebben bij regelmaat. Fuck dat! De kinderen hebben baat bij liefde en bij aandacht, bij lachen en bij gek doen. Net zo lang tot ze weten dat papa misschien bij mama weg is, maar niet, en nooit, bij hen. Al kost het twee jaar zondag Shoarmadag!

VERWAR VERDRIET EN ROUW NIET MET SCHULD EN STA VAN MEET AF AAN OP JE RECHT.

Ten slotte een woord over stiefmama. Jazeker, die hoogblonde tien-jaar-jongere kloon van je ex (maar dan aardig) die naast je op de bank zit. Vertel haar eerlijk dat ze met jou een toekomst tegemoet gaat die in het teken staat – voor haar – van een moeizame relatie met jouw kinderen. Omdat ze, al is ze nog zo aardig, hulpvaardig en lief, nooit de moeder van de kinderen kan vervangen. En altijd, ook al kan ze er niets aan doen, de schuld van de breuk tussen mama en papa in de schoenen krijgt geschoven, of minstens de schuld van het feit dat jullie niet terug bij elkaar zijn gekomen. Wees dus altijd extra lief voor je nieuwe vlam en pas op dat je in conflicten niet automatisch de kant van de kinderen kiest. Of beter nog: wacht een jaar met samenwonen en zorg eerst dat de kinderen zich veilig voelen. Kom dan pas op de proppen met het nieuwe gezinslid. Het wordt nog moeilijk genoeg.

THE DAD
Deze wil je dus HEBBEN
$
0%
TRAVEL
TICKET
CONCE

UITJES

DINGEN DIE JE SOWIESO MET JE KIND MOET DOEN

ZOON

- ☐ **SAMEN** SNOWBOARDEN
- ☐ **SAMEN** NAAR NEW YORK OF LAS VEGAS
- ☐ **SAMEN** NAAR COMIC CON - GOOGLE MAAR
- ☐ **SAMEN** DE EERSTE KEER PROOSTEN. DESNOODS MET ALCOHOLVRIJ BIER.

DOCHTER

- ☐ **SAMEN** NAAR NEW YORK OF MIAMI. OF NAAR STAPHORST.
- ☐ **SAMEN** NAAR EEN CONCERT - GEEN K3 OF IETS ANDERS VOOR KINDEREN. FUCK K3.
- ☐ **SAMEN** NAAR EEN HEEL MOEILIJK HIPPE COCKTAILBAR.
- ☐ **IETS MET DIEREN.** MEISJES ZIJN DOL OP DIEREN. GA PAARDRIJDEN DOOR DE DUINEN. OF DANSEN MET WOLVEN.

poes

WIE? Dries Roelvink

WAT? Volkszanger

VOORAF

Hoe heten je kinderen en hoe oud zijn ze?
'Donny is 19, Dave 22 en Peggy is – even rekenen – 35. Toen zij werd geboren, was ik 21 en haar moeder 28. We hadden net een paar maanden een relatie toen ze me vertelde dat ze een kind van mij wilde en even later dat ze zwanger was. Mijn ouders stonden daar niet zo achter, maar ik was verliefd, dus ging lekker met de baby op de bank zitten. Dat hield ik vier jaar vol. Daarna gingen Peggy's moeder en ik uit elkaar. In het begin mocht ik mijn dochter niet zien, waardoor ik met haar een moeizamere relatie heb dan met mijn zoons. Met horten en stoten is onze band goed gekomen, maar vaak als ik haar zie, denk ik: 'o ja, dat is mijn dochter. Wat een vrouw alweer.''

En de moeder van Dave en Donny?
'Dat is Luciënne, mijn eerste vrouw. Zes jaar geleden zijn we gescheiden. Nu ben ik voor de tweede keer getrouwd. Toen ik mijn huidige vrouw leerde kennen, was zij 39 en ik 50. Ze had geen kinderen, ik had er drie en vond het prima zo. Ik wilde geen Rob de Nijs worden: dat je op je zestigste nog bij de kleuterschool staat.'

VADER WORDEN

Was je een beetje een held bij de bevallingen, of stond je sigaren te roken op de gang?
'Voor mijn doen was ik heldhaftig: ik ben al bang voor dokters en bloedprikken. Bij Dave's geboorte hadden we net een Sony-cameraatje. Ik stond achter het hoofdeinde. De dokter was daarbeneden bezig met een zuigding en tangen, waarmee hij Dave zo aan z'n schedeltje eruit trok. Dat staat allemaal op beeld. Peggy werd in het Wilhelmina Gasthuis geboren. Ik kreeg een telefoontje, dat ik nú moest komen. Vanuit de ziekenhuisgang hoorde ik gehuil: Peggy was er al uit en lag net bij haar moeder. Ik mocht de navelstring doorknippen. De geboorte van Donny was heftig: drie dagen ervoor had mijn zus haar 21-jarige zoon verloren aan een hartstilstand. De hele familie was in rouw. Aan de ene kant van de tafel lagen de rouwkaarten, aan de andere kant de geboortekaarten. De dag nadat Luciënne ging bevallen, zou de begrafenis zijn en samen met vrienden zou ik de kist dragen. Dat loopje stonden we te oefenen in de ziekenhuisgang op het moment dat de verpleegkundige mij riep: het was zover. Luciënne zat in een hurkpositie, een spiegel eronder. De dokter en ik stonden daarboven in die spiegel te kijken. Ik dacht: met die vrouw ga ik nóóit meer seks hebben. En daar was Donny. Omdat mijn neefje Leo heette, stelde Luciënne voor om Don een tweede naam te geven: Leo. Mijn zus en zwager waren in tranen. Dat was de zwartste bladzij uit mijn leven.'

Wat was het eerste wat je dacht toen je je baby in je armen had?
'Met Peggy beleefde ik dat anders dan met Dave en Donny. Dave was gepland, ik wilde dat het een jongen werd, we hadden zijn kamertje ingericht, het stond in alle kranten en bladen, ik kreeg babyspullen aangeboden. Hij was een mooi ventje, zijn ogen vielen iedereen op. Daar denk ik nog vaak aan, omdat hij nu zo'n vrouwenidool is geworden. Als er honderden meisjes naar hem staan te gillen, denk ik weleens hoe hij je als baby kon aankijken. Ik wilde een voetballertje van Dave maken, net als mijn vader van mij. Dave voetbalde op redelijk hoog niveau, tot hij op zijn veertiende stopte. Door zo'n beslissing ga je niet minder van je kind houden, maar ik heb wel een paar slechte dagen gehad. Mijn vader was voetbaltrainer, ik heb betaald gevoetbald...'

Werd je leven beter of slechter doordat je vader werd?
'Heel eerlijk: in mijn jongere jaren was ik zo gefocust op mijn carrière dat ik op zondag niet meeging naar de Efteling, zodat ik naar een première kon. Achteraf heeft dat ook gezorgd voor onze scheiding. Dat Luciënne veel alleen moest doen, is me wel verweten. Toen vond ik mijn keuzes logisch: er moest brood op de plank, ik moest doorbreken. Nu denk ik: ze had gelijk. Ik had een middenweg moeten vinden. Daar heb ik weleens spijt van, als ik vaders zie met jonge kinderen. Ik heb ze leren lopen en fietsen, maar gezinsmomenten probeerde ik te ontvluchten.'

Ben je verstandiger geworden door je kinderen?
'Je bent opeens zelf geen kind meer. Alles werd voor mij geregeld. Mijn zus en haar vriend waren twaalf jaar ouder dan ik, dus ik had twee paar ouders. Door die vier mensen ben ik opgevoed, heel zorgeloos. Omdat ze van mij een voetballer wilden maken, hoefde ik niet naar school of te werken. Uiteindelijk ging ik toch mijn moeder achterna, die zangeres was. Als je kinderen krijgt, krijg je ineens zélf verantwoordelijkheden. De spannendste periode was toen Dave de stad inging, vanaf zijn veertiende. Ik woonde om de hoek van het Leidseplein, kende de portiers; ik ging alle tenten in waar hij was, Palladium, Het Feest van Joop… Af en toe vonden Dave en zijn vrienden dat leuk, maar ik hoefde niet altíjd te komen, zei hij. Ik wilde controle houden, ben snel ongerust. Ik doe het nog steeds af en toe. Sinds kort heeft hij een relatie en krijg ik vaker appjes met dat-ie een filmpje kijkt op de bank. Dat zie ik graag. Maar als hij met zo'n club jongens is… Je zal wel hebben meegekregen dat het een keer vreselijk uit de hand is gelopen. Dat waren dingen waar ik altijd bang voor was. Ik had al gevraagd wie die jongens waren: dat waren niet de lekkerste. Die wilden met Dave bevriend zijn omdat hij meisjes aantrekt. Dankzij de media werd het een affaire van twee jaar, waar ik nooit op gehoopt had. Ik ben zelf nooit in aanraking geweest met justitie, sta bekend als relaxte, lieve man. Aan de andere kant: door die zaak is RTL op het idee gekomen een serie over onze familie te maken. Het klinkt gek, maar door die nare zaak is Dave zo populair geworden. Ik wist altijd dat-ie model zou kunnen worden. Via mijn vrouw werd hij kledingverkoper. Een modellenscout zei al snel: jij moet geen kleding verkopen, we gaan een shoot doen. De foto's stuurde ik naar RTL; ik heb bewust gebruik gemaakt van mijn netwerk voor hem.'

Hoe heeft het vader-zijn jou zelf beïnvloed?
'Ik zie mijn vroegere zelf terug in die twee jongens. Alles wat zij meemaken raakt me zo diep. Dat is het wonderlijke van kinderen: als zij vrolijk zijn, fleur je op; als zij in de put zitten, zit jij daar ook.'

Zag je er nog een beetje normaal uit of liep je rond als levend kotsdoekje?
'Om en om gingen we er 's nachts uit voor een luiertje. Doordat ik veel sportte, had ik weerstand opgebouwd. Ik heb nooit gedacht: ik stort in.'

'ZE HEBBEN LUCIËNNES OGEN EN MIJN BODY. ALS IK ZE ZIE LOPEN, ZIE IK ROELVINK!

Had je nog wel tijd voor jezelf?
'Ja, ik ben altijd alles blijven doen. Vier avonden per week trad ik op, Luciënne was veel bij de jongens. Als we gingen uit eten, hadden we een oppas.'

DE KINDEREN

Wiens idee was het om kinderen te nemen?
'De eerste keer natuurlijk haar idee. De tweede keer stelde ik het ook uit. Luciënne werkte vijf avonden bij The Bulldog op het Leidseplein, ik had mijn optredens, we gingen veel uit, hadden een grote vriendenkring. We waren vier jaar getrouwd en twee vriendinnen van Luciënne kregen kinderen. Dus stopte zij ook met de pil. Achteraf was ik daar alleen maar blij mee.
De tweede was ook Luciënnes idee. Toen ze die keer met de pil stopte, was ons huwelijk al over het hoogtepunt heen. We hoopten dat een tweede kind ons dichter bij elkaar zou brengen. In de sporadische keren dat we nog seks hadden, is het toevallig gelukt, maar na Donny's geboorte werd het huwelijk juist slechter. Zij was nog meer aan huis gebonden en ik bleef uitgaan en optreden. Ik wist dat er geen weg terug was. Dave was 12 toen we scheidden en stond helemaal achter ons besluit. Hij voelde de spanning: als ik 's nachts thuiskwam wilde Luciënne weleens haar stem verheffen. Dat hoorde hij natuurlijk. Na de scheiding zag hij ons allebei vrolijker worden.'

Houd je van je kinderen?
'Heel veel. Van alle drie. Dave en Donny zijn net vrienden: we doen alles samen. Peggy heeft haar eigen gezin, ik zoek haar regelmatig op. Ze zegt: 'vergeven en vergeten, je bent nou eenmaal zo.' Van anderen hoor ik weleens dat ze teleurgesteld in me is, omdat ik er te weinig voor haar was. Zelf heeft ze me dat nooit verteld. Ze heeft wel gevraagd hoe ik dat kon doen: je eigen dochter maar één keer in de maand zien. Dat was natuurlijk fout, ik was teveel met mezelf bezig. Dat ego zal een artiestending zijn: alles moet om jou draaien. Ik moest het middelpunt van de belangstelling zijn. Daar laat je veel voor.'

Wat vinden ze nog meer van jou?
'Als er ook maar even iets mis is, hangen ze aan de lijn. Alle drie. Dan ben ik er voor ze. Het mooiste voorbeeld was natuurlijk hoe ik de media opving voor Dave. Ze kunnen onderling in een deuk liggen om mijn autistische trekjes: alles moet weken van tevoren gepland worden, ik heb iedere week hetzelfde schema. Nu ze zelf in de media komen, zeggen ze hoeveel respect ze voor mij hebben: er wordt vervelend of lacherig over me geschreven. En jij gaat maar gewoon door, zeggen ze. Vooral Dave merkt dat nu. Als er ook maar twee verkeerde zinnen in de krant staan, belt hij zijn manager. Dan zeg ik: jongen, morgen wordt de vis er alweer in verpakt. Dave en Don hebben weleens tegen me gezegd dat ze veel van me houden. Dat vind ik knap. Ik heb dat nooit tegen mijn vader gezegd, liet het alleen merken.'

Lijken ze op jou of op je vrouw of op de melkboer?
'Ze hebben Luciënnes ogen en mijn body. Als ik ze zie lopen, zie ik Roelvink. Hun karakters zijn een mix van ons allebei: Dave heeft soms het opvliegende van Luciënne, maar de lieve, rustige kant van mij. Donny is zo gedisciplineerd dat ik denk: van wie heeft-ie dat? Hij is niet van zijn doel af te brengen. Ik heb mijn voetbalcarrière verpest door drank en vrouwen; hij begint een fitness-YouTubekanaal en leeft gezond. Bij Donny is er wel een tweederangsgevoel ingekropen, doordat Dave zoveel aandacht kreeg. Toen de justitiezaak eenmaal was opgelost, nam Donny zich voor: nu ben ik aan de beurt. Elke morgen staat hij voor mijn deur en gaan we sporten.'

Waarin verschillen je kinderen?
'Dave is losbandig; makkelijker over te halen. Die rookt z'n sigaretje, drinkt z'n borreltje,

experimenteert, heeft veel meisjes gezien. Als Don een meisje leuk vindt, is-ie gelijk een jaar met haar. Dave is een ster geworden in Nederland, best raar voor mij. Vroeger wilde iedereen met mij op de foto, nu zeggen ze 'hé, je hebt Dave bij je!' en lopen mij voorbij. Hij is de enige van wie ik dat leuk zou kunnen vinden, omdat hij mijn kind is. Zou het een collega zijn, dan zou ik denken: en ik dan?'

Is het moeilijk om geen favoriet te hebben?
'Best wel. Ik heb meer aandacht aan Dave geschonken. Donny ging ijshockeyen, Dave voetballen. Ik stond veel liever op het voetbalveld dan dat ik in die ijshal zat. Met Dave ging ik de stad in, Don was nog te jong. Hij voelde dat papa veel met zijn broer was. Die tijd zijn we nu aan het inhalen.'

Waar heb je minder omkijken naar: dochters of zonen?
'Toen Peggy op haar 14de de stad inging, heb ik me ook ongerust gevoeld. Ze had al vrij snel een vriend, die mijn ongerustheid wegnam. Doordat er zo lang tussen haar en mijn zoons zit, kan ik er niet goed over oordelen.'

Wat is het lastigst aan papa zijn?
'Het loslaten, hun verantwoordelijkheden geven. En dat zij mij nu gaan vertellen hoe het leven in elkaar zit: hoe je je moet gedragen, hoe je met sociale media moet omgaan. Dan denk ik: hallo, ik heb je als zo'n hummeltje vastgehad.'

Als de jongens zich maar vermaakten. Toen pas zag ik hoe erg ze naar dat moedergevoel had gehunkerd.'

Hoe vond je dat?
'Mooi, maar als verwend jochie dacht ik ook: ik ben er ook nog. Moet ik nu mijn eigen koffie gaan inschenken?'

Seks, wilde dat nog een beetje?
'Ik heb wel een klein traumaatje opgelopen door die bevalling. Dat beeld was niet stimulerend.'

Heb je advies voor collega-mannen om de boel, indien ingedut, weer vlot te trekken?
'Als je dat eenmaal gezien hebt, krijg je onherroepelijk een dipje in je seksleven. De boel moet herstellen en daar wil je niet aankomen of over nadenken. Ik geloof dat een bevalling bij geen enkel huwelijk goed is voor het seksleven. Ik heb nog nooit een man gesproken die twee weken na de bevalling gewoon weer doorging.'

Is een kind een goed accessoire voor je aanzien als man?
'Het is wel een accessoire waarop je meteen verliefd bent. Er komt een gevoel in je los dat je nog niet kende. Dat eeuwige gezeur over die baby's en traphekjes begrijp je meteen als je zelf één seconden vader bent. Dan weet je: dit moet ik beschermen. Dit ben ik een beetje.'

MOEDER DE VROUW, DE LIEFDE

Veranderde Luciënne doordat ze moeder werd?
'Ze was een horecatijger, werkte tien jaar lang bij The Bulldog en ineens was ze zo happy met dat moedergevoel. Ze heeft twee jaar niet gewerkt, wilde dag en nacht van de kinderen genieten. Ze ging naar pretparken, speeltuinen.

ZORGEN

Hoe was de oppas geregeld?
'Eens per week kwam mijn zus, Luciënnes moeder of een oppasmeisje. We belden wel vijf keer om te vragen hoe het ging. Een keer zaten we in het restaurant aan de overkant van de straat, de babyfoon tussen ons in op tafel. Ineens hoorden we een zware mannenstem. Er is een man binnen, zei ik tegen de restauranthouder. Hij met een mes

mee ons huis in. Niemand. Wat bleek: een vrachtwagenchauffeur die langsreed, had dat signaal opgevangen. Daarna zijn we nooit meer met de babyfoon gaan eten. Waar we ook aten, de Maxi-Cosi ging mee.'

Is er een rolverdeling thuis?
'Ik ben altijd degene die kookt, met wie ik ook samenwoon. Vrouwen zeggen: hij heeft vervelende kanten, maar één ding is wel lekker: je hoeft nooit te koken.'

Wat is jouw stijl van vaderschap?
'Veel te lief. Ik kon moeilijk boos worden, in tegenstelling tot Luciënne. Nadat ze van haar de volle laag kregen, konden ze bij mij rustig hun verhaal vertellen. Als je op een normale toon praat, kom je ergens. Ik was te soft, maar dankzij Luciënne was het goed dat ik de rust zelve was.

PRAKTISCH

Favoriete vakantiebestemming met kinderen?
'Sinds hun geboorte zijn we vijftien jaar naar hetzelfde vakantieadres gereden in Riccione, Italië.'

Favoriete kinderboek?
'*Alleen op de wereld*. Dat las een leraar vroeger voor en is me altijd bijgebleven.'

Favoriete kinder-tv?
'Misschien omdat ik er zelf aan meegedaan heb, maar *Praatjesmakers* vind ik heel grappig. Ze hebben mij weleens in 't ootje genomen, met een meisje met een oortje in.'

Favoriete kindereten?
'Pannenkoeken. Dat vind ikzelf ook lekker.'

Wanneer mag een kind mee uit eten?
'Altijd. Tot ze zelf niet meer willen.'

Voorbeeldvader?
'Op de camping stond altijd een gezin, waarvan die vader dag en nacht met de kinderen was. Wij gingen vissen, voetballen, de kroeg in, biljarten. Hij deed niets. Zijn tijd zou later wel komen, zei hij. We vonden hem een watje. Nu denk ik: zo verkeerd was het niet, wat hij deed.'

WAT IS JE ULTIEME PAPA-TIP?

'Als je het zelf niet zo goed gedaan hebt, ben je geen deskundige. Daarom zou ik zeggen: wat ik gedaan heb is niet helemaal goed en wat die man van de camping deed is overdreven. Zoek daarin een middenweg. Pak de belangrijke momenten mee. Als Donny moest afzwemmen, lag hij al een kwartier in het water als ik binnenkwam. Hij keek al zwemmend naar de kant: is papa er al? Als-ie me dan zag, ging hij beter zwemmen.'

KINDER-
HOUDEN
NIET V
MUSEA

GOUDEN TIP

ZO VIER JE VAKANTIE MET DE KINDEREN

'Het leven was een feest totdat de baby kwam.' Je hoort dat niet veel jonge ouders hardop zeggen, maar het is wel zo, natuurlijk. Achteraf kun je je de haren wel uit je kop trekken dat je niet hebt genoten van elke vrije minuut, iedere kans op luidruchtige en ongestoorde seks hebt gegrepen en vooral: de hele wereld met z'n tweeën bent rondgereisd. Nu zit je met de gebakken peren, want op stap met kinderen is de hel.

Volgens mijn broer en volksfilosoof Michiel is er maar één manier om vakantie met kind of kinderen het hoofd te bieden, en dat is onvoorwaardelijke overgave. Zijn recept: 'vertrek midden in de nacht, stop voor niets of niemand, rijd in één ruk door naar de Spaanse costa's, en ga daar drie weken op je kont voor de tent bier zitten drinken'.

De kern van zijn betoog: vakantie met kinderen draait om de kinderen. Net als de rest van het leven met kinderen. Hebben de kinderen het leuk, heb jij het – min of meer – leuk. En kinderen vinden simpele dingen leuk: een speelwei, een zwembad, een zandbak, andere kinderen. Kinderen malen niet om een bezoek aan een historisch binnenstadje of eindeloze lunch aan een lange tafel met uitzicht op de azuurblauwe zee. Kinderen houden niet van musea, kerken, rondtrekken en vliegreizen. Kinderen lusten geen gek eten en willen regelmaat.

Tegenwoordig doen wij dus de zogenaamde Michiel-plus-vakantie. Want mevrouw Heemskerk weigert categorisch in een tent op een gezinscamping te gaan zitten. Ons compromis: een huisje bij een Toscaanse minicamping op een heuvel met gezamenlijk zwembad en maximaal vier andere gezinnen. Of: een gigantische luxetent met boxsprings en veldkeuken op een natuurcamping in Frankrijk, met twee ezels om te knuffelen. Kind blij, wij blij.

Ten slotte, en dit is de gouden tip, vooral voor stellen met één kind: we zorgen altijd voor een vakantiebroertje. Liefst voorzien van gescheiden moeder, want die kan dan ook mooi mee, en dat is voor iedereen gezellig. Het voorkomt het gevreesde omigod-we-hebben-ineens-tijd-voor-elkaar-en-wat-nu-syndroom, je kunt de taken met z'n drieën verdelen en hij/zij kan een keer een dagje oppassen als jullie samen-tijd willen, of luidruchtige en ongestoorde seks.

Hoe dan ook: wees verstandig en verzet je niet tegen het onvermijdelijke. Straks (als je 68 bent) zijn de kinderen de deur uit en kun je, met behulp van een halfje Viagra, matching regenkleding en stevige wandelschoenen alsnog de vakanties van je dromen beleven.

HET DING DAT JE ALS VADER MOET KUNNEN

HOE KRIJG JE JE KIND ZINDELIJK

Poep & Pies

- [ ] Vervang het potje door een toilettrainer van BabyBjörn.
- [ ] Ga op vaste momenten met je kind naar de wc. Door je kind bijvoorbeeld na het eten of voor het slapen gaan te dwingen om naar de wc te gaan, zorg je ervoor dat je kind het steeds normaler gaat vinden om z'n behoefte op de wc te doen.
- [ ] Neem luiers die minder absorberen.
- [ ] Doe je kind een onderbroek aan onder de luier.
- [ ] Lees samen boeken over zindelijkheid.
- [ ] Heb geduld.
- [ ] Veel geduld.

LUKE, I'M NOT YOUR FATHER.
- DARTH VADER. 1980.